| 光明社科文库 |

组织创造力多层效能机制研究

李 悦◎著

光明日报出版社

图书在版编目（CIP）数据

组织创造力多层效能机制研究 / 李悦著 .-- 北京：光明日报出版社，2019.3

ISBN 978-7-5194-5095-3

Ⅰ.①组… Ⅱ.①李… Ⅲ.①企业管理—人力资源管理—研究 Ⅳ.①F272.92

中国版本图书馆 CIP 数据核字（2019）第 040146 号

组织创造力多层效能机制研究

ZUZHI CHUANGZAOLI DUOCENG XIAONENG JIZHI YANJIU

著　　者：李　悦

责任编辑：李月娥　　　　责任校对：赵鸣鸣
封面设计：中联学林　　　　责任印制：曹　净

出版发行：光明日报出版社
地　　址：北京市西城区永安路 106 号，100050
电　　话：010-63169890（咨询），63131930(邮购)
传　　真：010-63169890
网　　址：http://book.gmw.cn
E - mail：liyuee@gmw.cn
法律顾问：北京德恒律师事务所龚柳方律师，电话：010-67019571

印　　刷：三河市华东印刷有限公司
装　　订：三河市华东印刷有限公司
本书如有破损、缺页、装订错误，请与本社联系调换

开　　本：170mm × 240mm
字　　数：163 千字　　　　印　　张：14
版　　次：2019 年 5 月第 1 版　　　　印　　次：2019 年 5 月第 1 次印刷
书　　号：ISBN 978-7-5194-5095-3

定　　价：85.00 元

目　录

CONTENTS

第一章　绪论

第一节　研究背景

一、现实背景

当今世界，创意产业已不再仅仅是一个理念，而是有着巨大经济效益的直接现实。创意经济是知识经济的核心内容，更是其经济的重要表现形式，没有创意，就没有新经济。新经济的本质，就是以知识及创意为本的经济，新经济就是知识经济，而创意经济则是知识经济的核心和动力。无论从产业结构调整还是从未来全球经济贸易发展来看，创意产业都无可争议地成为一个新的经济增长亮点。创意产业是在世界经济进入知识经济时代这一背景下发展起来的一种推崇创新和个人创造力，以及强调文化艺术对经济的支持与推动的新兴产业。在全球化趋势不断加强，国际间竞争日趋激烈的今天，以创造力为核心的创意产业喷薄而出。进入21世纪以来，文化创意产业在全球迅猛发展，在美国、英国、法国、日本、韩国等许多国家，文化创意产业都已经成为支柱产业。创意产业的发展规模和程度已经成为衡量一个国家或城市综合竞争力水平高低的重要标志。目前全世界的创意产业每天创造的产值高达220亿美元，并以5%左右的速度递增。在一些创意产业发达的国家，增长速度更快，如美国达到14%，英国达到12%。

尽管“中国制造”充斥了世界的各个角落，但由于过去中国制造业主要是贴牌生产，在出口贸易中有一半左右属于加工贸易，赚取的也仅是微薄的加工费，因此“世界工厂”的繁华与“中国制造”在全球增值的大蛋糕中获得的微小利益形成强大反差。发展创意产业是促进我国经济增长方式转变、实现由“中国制造”向“中国创造”过渡的有效途径。《国家“十一五”时期文化发展规划纲要》明确提出了国家发展文化创意产业的主要任务，全国各大城市也都推出相关政策支持和推动文化创意产业的发展。全国的文化创意产业在这几年得到了突飞猛进的发展。中国共产党第十七届中央委员会第六次全体会议于2011年10月在北京举行。本次全会将“文化变革发展”作为主要议题，从时代要求与战略全局出发，以高度的文化自觉和文化自信，第一次提出了建设社会主义文化强国的奋斗目标，成为我国文化发展历程中划时代的历史事件。本次全会明确提出了加快发展文化产业，必需构建结构合理、门类齐全、科技含量高、富有创意、竞争力强的现代文化产业体系。这意味着融合文化和科技于一身的创意产业在文化产业体系中处于前沿和高端地位，是中国文化建设乃至全面建设小康社会的一支重要“方面军”。而此次全会的四项具体部署为这支“方面军”实现跨越式发展提供了契机（张京成，2012）。

目前最为普遍接受的创意产业的定义来自英国。20世纪90年代，英国最早将“创造力”这一概念引入文化政策文件，并在1998年出台的《英国创意产业路径文件》中明确提出“创意产业”这一概念，并将其定义为起源于个体创意、技巧及才能，透过智慧财产权的生成与利用，而有潜力创造财富和就业机会的产业。在这一概念中，创意产业的核心内容是文化和创意，它推崇创新和个人创造力，是强调文化艺术对经济支持与推动的新兴文化理念与经济实践（厉无畏，2006）。

创造力是创意产业的本质特征。创意产业作为一种产业，之所以具有巨大的经济意义，其根本在于创意产业具有创造力。创意产品的生产是具有自主知识产权的原创性研究和发明的过程，每一件创意产品之间都具有不可重复性、不可替代性和不可再生性。创造力是整合创意产业的一个强有力的要素，也是创意产业中最具活力且永不枯竭的资源，在文化资源的配置中起着极为重要的作用（厉无畏，2006）。创意是科学和艺术的结合，中国创意产业的发展，既面临着良好的机遇，也面临着严峻的挑战。应该说，进入经济全球化时代后，在市场竞争中，任何一种技术、工艺、商业模式的创新都有可能在很短的时间内被知晓和模仿，要想始终领先于对手，必须不断创新，因为“只有创造力是无法模仿的”。由原创激发的差异和个性是文化创意产业的根基和生命。创意产业最核心最本质的东西就是创造力。

不可否认的是，创造力不仅对于创意产业具有重要的作用，对于许多传统产业甚至包括大量的制造业，创造力的重要性都在日益显现。然而由于创造力近年才逐渐受到重视，在研究上也仍然处于比较初级的阶段，因此选择创意产业这样一个在创造力方面更加显性的产业来作为切入，有利于在我们对创造力本身还知之甚少的情况下，更加准确和快速地把握创造力的一些基本特征及其影响作用。这也是本研究考虑的一个出发点。

二、理论背景

吉尔福特（Guilford）教授1950年在美国心理学协会发表的演讲掀开了创造力（creativity）研究的篇章。吉尔福特（Guilford）教授认为创造力是每个人都具有的某种特质，沿着这一思路，随后的大量研究都试图通过研究表现出更高创造力的个体来识别那些与创造力有着紧密联系的内在认知或个性特征等因素。直到20世纪80年代末到20世纪90年代中期这段时间，创造力研究才逐渐进入组织研究学者的视野。

目前有关组织创造力的实证研究，主要集中在组织情境中不同层面的因素（个体层面、团队层面以及组织层面）对员工创造力和团队创造力的影响（莎莉（Shalley）和周（Zhou），2004; 李悦和王重鸣，2012。这些研究主要关注个体变量、情境变量以及个体变量与情境变量的交互作用如何影响了员工的创造力或创造力表现。比如周（Zhou）和乔治George（2001）发现，当个体工作满意度不高，且具有高持续承诺时，发展性的反馈有利于创造力的产生。茜恩（Shin）和周（Zhou）（2003）发现，变革型的领导风格有利于促进员工的创造力，同时这种促进关系受到员工个体价值观的影响，当员工遵从保守（conservation）的价值观时，会更加有利于变革型领导风格对创造力的促进作用。玛德加（Madjar）等（2002）研究发现来自工作环境的支持（同事，领导）和非工作环境的支持（家人，朋友）都积极影响了员工的创造力，而且来自非工作环境的支持对创造力的积极影响要高于来自工作环境的支持。同时，积极的情绪在这两种类型的支持与创造力之间起中介作用。法默（Farmer）等（2003）发现，同事的创造力期望，对自己以前创造力表现的感知，以及美国文化的影响，都影响了个体的创造性角色自我认同，从而影响了创造力表现，而且在支持创造力的组织情境中，上述效应更为显著。卡梅利（Carmeli）和亚特华德（Atwater）（2009）的实证研究发现，领导—成员交换理论（Leaderme-mber exchange，LMX）通过影响员工的心理能量，从而影响其创造力。

现有的团队创造力相关研究主要有两种观点：一是认为团队创造力是个体创造力的函数，将个体创造力作为团队创造力的重要投入因子，例如，皮洛拉－梅罗（Pirola-Merlo）和 曼恩（Mann）（2004）认为“团队创造力是团队所有成员在某个时点的个体创造力的平均值或加权平均值”。塔格（Taggar）（2002）认为“团队创造力是个体创造力的函数，但团队创造力相关过程起重要调节作用”。二是直接从团队层面着手，探讨属于团队层面的独特属性或作用机制等，例如，分析团队氛围对团队创造力的影响 [阿玛贝尔（Amabile）等 , 1996]，或者团队层面的互动过程对团队创造力的影响 [吉诺（Gino）等 , 2010]。韦斯特（West）（2002）构建了包括团队任务特征、团队知识和技能的多样化、外部需求和整合的团队过程四因素的团队创造力 / 创新模型。他认为团队创造力是在外部需求的影响下，通过一系列整合的团队过程，将团队任务特征和团队多样化的知识和技巧等投入因素，转化为创造力的新产品、工艺、服务或工作方式等。崔（Choi）和汤普森（Thompson）（2005）比较了开放性团队（在任务中团队成员会发生变化）和封闭性团队（在任务中团队成员不会发生变化）的创造力。两个实验研究的结果都表明，开放性团队比封闭性团队产生了更多的想法和更多不同种类的想法。同时结果还表明，新成员的生产率（通过测量他们在前一个团队中产生的创意来评估）对新的团队有积极的影响。同时，更多高生产率新成员的进入增加了老成员的创造力。吉诺（Gino）等（2010）研究发现，直接的团队经验比间接的团队经验导致更高的团队创造力和更发散的产品，并且具有持续性。此外，研究还发现，直接经验对创造力的影响机制是交互记忆系统。

综观现有关于组织创造力的研究，总体上讲，到目前为止有关组织创造力的研究主要遵循着以下两个脉络在开展。①从个体层面的研究逐渐上升到团队层面再到跨层次［奥利（Ohly）和弗里茨（Fritz），2009］的研究脉络；②从研究个性特征到研究影响创造力的情境因素再到有关个性特征和情境因素之间交互作用的研究脉络。

尽管许多学者都明确指出创造力对于提高组织绩效以及帮助组织获取竞争优势的重要作用，但是目前的文献更多集中于对于创造力前因变量的探索，虽然这些研究考量了各种各样的组织情境因素，而且如果组织中单个员工的创造力或者单个团队的创造力越高（或组织中员工和团队普遍的创造力越高），从逻辑上来讲，则越能说明这个组织的创造力应该就会越高。但是这一论断尚缺乏实证研究的支持。之所以这类研究如此缺乏，除了起步比较晚，且前期创造力研究的主线始终贯穿于个体层面，因而一段时期内很难转变外，周（Zhou）和莎莉（Shalley）（2007）认为还存在以下两个可能：一是多层次数据的获取困难，团队以及组织等高层次的样本数据相对于个体层次来说，其要求更为庞大；二是相对于个体层次的创造力研究而言，团队层面以及组织层面等的研究还没有形成一个统一的范式以在多层次创造力的概念设计方面提供理论的指导（刘新梅等，2010）。总之，目前有关组织创造力的研究还是更多地聚焦在哪些组织情境因素（前因变量）影响了创造力的程度，而对组织创造力作用机理的研究还比较单薄。更为重要的是，很少有文献能明确地对组织创造力的特征维度进行清晰地说明和分解，也正是源于这一现状，目前对于组织创造力的影响机制和形成机理的理解基本还是一个“黑箱”，也缺乏充分的理论分析或有力的实证研究来填补这一方面的空白。鉴于创造力对于当下企业在整个大环境变革转型时期的重要作用，借助更加细腻和有力的实证研究来找到组织创造力的触发机制及其绩效机制具有重要的理论和现实意义，这正是本研究的出发点和试图回答的问题。

第二节　研究问题

基于上述现实和理论背景，本研究旨在以创意产业为研究背景来回答组织创造力的特征维度及其效能机制是什么这两个关键问题，并在“在创意产业中，组织创造力的活动如何被启动和持续驱动，然后又会对企业的生存和发展产生什么影响？”这一研究主线下开展，本研究将据此试图回答以下三个问题：

（1）组织创造力的特征维度是什么？目前有关组织创造力的研究主要可以分为“结果视角”和“过程视角”，“结果视角”的实证研究往往将组织创造力视为一个一维的构念，而“过程视角”则更加能够深刻反映组织创造力的开展过程。因此本研究将基于“过程视角”组织创造力的相关研究，对组织创造力的特征维度进行挖掘，这是本研究试图回答的第一个主要问题。

（2）组织创造力的触发机制是什么？在创意产业中组织创造力

主要体现在新产品或新业务的开发过程之中，而这一过程通常可以分为两个主要的阶段。在第一阶段主要是对于新产品/新业务开发策略的制定，更多体现为企业高层在面对模糊情境时的一种决策选择；在后续阶段则主要由新产品/新业务开发团队完成，表现为一种集体（collective）的行动特征。分别对这两个阶段的影响因素进行探讨构成了本研究有关组织创造力触发机制研究的多层视角。

（3）组织创造力的绩效机制是什么？“创造力”和“可行性”是新产品/新业务开发过程中常常不得不同时考虑的两种似乎相互对立的目标诉求，在团队互动层面，新产品/新业务开发团队如何更好地对此进行平衡对于企业的绩效产出会产生显著的影响。此外，在整个企业的组织系统层面，创造力行动通过改变了企业的什么能力从而对最终的绩效产生影响也是本研究关心的一个问题。对于上述两个方面的探讨构成了本研究有关创造力绩效机制研究的多层视角。

通过对上述三个主要问题的回答，本研究致力于对组织创造力的产生、发展及其影响这一问题进行更加细致的刻画，从而推动组织创造力研究的深入开展，并对企业创造力的培养和提升提供一些思路和建议。

第二章　研究回顾和研究构思

本章将对本书所涉及的各个变量的相关研究进行梳理，以期为本研究的开展奠定基础。

第一节　组织创造力研究

一、组织创造力的概念界定

有关创造力（creativity）的定义多达60多种（泰勒（Taylor），1988），目前还没有一个统一的定义，由于评价缺乏客观性，也没有标准化或得到一致认可的测量工具或方式来对创造力进行评估。创造或开发出新的（novel）并且有用的（useful）产品或想法是组织创造力（organizational creativity）的核心本质，这一观点已经得到了普遍的认同。阿玛贝尔（Amabile）（1996）将创造力定义为新的并且有用的观念的产生。奥尔德姆（Oldham）和卡明斯（Cummings）（1996）将创造力定义为新的并且有用的产品、观念或流程的产生。伍德曼（Woodman）等（1993）将组织创造力定义为：个体在复杂的社会系统中通过合作和互动，对新的、有用的以及有价值的产品、服务、观点、工序或流程的创造。此定义将组织创造力看作是组织背景下的一种创造力行动或是这种行为的结果。在这个定义中既包括了对于创造力产出的界定，同时也包括了对于产生创造力结果的过程的描述，因此相对比较完整地对组织创造力进行了界定。创造力不同于创新（innovation），前者指新观念的产生，而后者更多指对新观念的实施，因此创造力只是创新的必要步骤或前提条件[韦斯特（West），2002]。

二、组织创造力的研究视角

目前有关组织创造力的研究中主要包括两种视角：一种是结果视角，另一种是过程视角。结果视角侧重将创造力定义为产生新的以及有用的思想和观点。这种定义增加了对创造力进行测量的易操作性和可得性，因此在目前的实证研究中大多基于这种定义来开展研究，然而这类研究大多是在个体或团队层面探讨影响创造力的各种组织因素，并未涉及对创造力这个概念本身的特征维度的探讨。过程视角则侧重将创造力定义为一个问题解决的过程，这个过程产生了新的且有用的思想和观点，它与常规的问题解决过程之间在问题构建以及解决方案的产生和评估上都存在差异。

（一）结果视角的研究

有关组织创造力的研究，目前最具有代表性的两个理论框架是：阿玛贝尔（Amabile）（1988）的创造力成分理论（componential model of creativity）；以及伍德曼（Woodman）等（1993）的创造力交互模型（interactionist perspective of creativity）。

阿玛贝尔（Amabile）(1988）提出的成分理论认为：与领域相关的技能（domain-relevant skills）、与创造力相关的过程（creativity-relevant processes）和任务动机（task motivation）是影响创造力的三个重要方面。其中，与领域相关的技能指有关某个领域的知识和专长；与创造力相关的过程指有助于创意产生的认知风格和工作风格，以及有关如何产生创意的那些策略的显性或隐性知识；任务动机指个体对工作任务的态度以及对自己工作动机的感知。成分理论认为：内在动机是影响创造力的关键因素，内部动机的主要特征为对活动本身的注意和兴趣。当个体感到任务本身有价值和意义，并对任务本身产生兴趣时，就会产生更高的内部动机，从而表现出更多的创造力 [周（Zhou）和莎莉（Shalley），2003]。成分理论的提出，推动了个体创造力研究的深入发展，基于这个理论，研究者开始识别各种通过影响个体的内在动机从而影响创造力的因素 [周（Zhou）和莎莉（Shalley），2003]。

伍德曼（Woodman）等（1993）的组织创造力交互模型认为，创造力是一个个体层面的现象，受到个体特征和情境变量的交互影响。该模型的一个重要方面在于，指出组织中个体的创造力受到个体、团队和组织层面因素的影响，从而提供了一个跨层研究的视角。该模型包含了个体、团队和组织三个水平上的创造力。①在个体创造力层面，个体过去的经历、个性、认知风格和认知能力、内在动机，以及知识这几个因素会影响个体的创造力。同时，这些因素又会受到组织环境因素和社会因素的影响，而个体创造力又会对团队创造力产生影响。②在团队创造力层面，团队的创造力并不仅仅是团队成员创造力的简单集合，而是受到团队组成（如成员多样性）、团队特征（如凝聚力、团队大小、团队领导风格等）以及团队成员的工作方式或流程（如问题解决策略、信息的处理方式等）的影响，同时也会受到来自组织环境的影响。③在组织创造力层面，个体创造力通过团队创造力的中介作用而影响组织创造力。组织的各种特征是影响个体和团队创造力的环境因素，组织创造力又是团队创造力和组织环境因素（包括组织外部环境因素）共同作用的结果。

（二）过程视角的研究

从问题解决过程的视角出发，经典的创造力行动（act）包括以下四个过程[沃拉斯（Wallas），1926]：准备阶段（preparation），孵化阶段（incubation），激发阶段（illumination）和验证阶段（verification）。准备阶段包括对问题的初步分析以及对问题进行定义和设定。在孵化阶段，个体的意识和注意离开了问题本身，但却在潜意识当中对问题进行加工，并产生了各种各样的联系。而激发阶段就像是一种顿悟，问题解决方案进入了意识层面并被个体所觉知，但这一阶段常常很突然且容易被其他因素所干扰。最后在验证阶段，个体会对上述顿悟产生的想法进行验证和修正完善。虽然吉尔福特（Guilford）（1950）指出这一描述性框架过于浅显，很难基于此模型进行假设验证的分析，但它对后来大量基于过程的创造力模型和研究仍然产生了非常重要的影响。

延续过程视角，之后的研究对上述四阶段模型进行了拓展。阿玛贝尔（Amabile）（1996）将创造力过程描述为以下四个阶段：问题或任务识别阶段，准备阶段（获取和激活相关的信息和资源），想法激发阶段（搜寻和产生想法），想法验证和传递阶段。阿玛贝尔（Amabile）（1996）进一步指出，上述过程并不是按照既定不变的顺序来进行，而且这一过程也适用于个体的创造力问题解决和团队的创造力问题解决以及组织情境中。在这一系列的阶段中，需要平衡两个过程：发散过程（产生多样化的不同选项）和聚合过程（审视、评估和选择这些选项），几个阶段不断迭代和重复直到完成问题解决的任务。

许多学者从“想法产生（idea generation）”和“想法评估（idea evaluation）”的视角对创造力过程进行了分析。巴萨德（Basadur）（1995）认为创造力的问题解决是一个在产生想法和评估想法之间循环进行的过程。朗科（Runc）和钱德（Chand）（1995）指出，想法产生和评估以及问题识别是创造力过程的核心要素，而知识和动机是这一过程背后的驱动因素。芬克（Finke）等（1992）提出了创造力的“geneplore”模型，认为创造力包括激发（generative）和探索（exploratory）这两个过程。激发过程主要是构建和形成一些大致的想法，这些想法被称作“前构造结构”（preinventive structures）。激发过程包括知识提取、观念联想、整合、转变和类比转移。而在探索阶段，则主要是对激发阶段所产生的前构造结构进行审视、阐释和检验。这两个过程周期性的交替出现，从而产生创造力的结果。

曼福特（Mumford）等（1991）认为，创造力的问题解决过程与非创造力过程的区别主要在四个方面：①创造力过程面对的问题主要是非清晰定义的问题，而不是常规的问题；②在创造力解决问题中，个体需要通过发散思维和聚合思维产生新的选择性的解决方案，而在常规的问题解决中，个体主要通过聚合思维来寻求和获取已有的解决方案，而且倾向于追求最低要求的满意结果；③创造力过程是一个积极的、需要高度集中注意的过程，并且需要通过多次的发散和聚合思维，而常规的问题解决更多的是通过不断的叠加方式来完成；④在创造力过程中，需要对以往的信息进行重组或整合，而在常规的问题解决中，往往是在已知的框架内对信息进行搜集和理解。

从上述理论回顾可以发现，创造力过程从逻辑上来讲就是一个创造力的问题解决过程，包括问题的定义、知识的搜集、创新想法的产生再到创新想法的验证与修正（图2-1）。

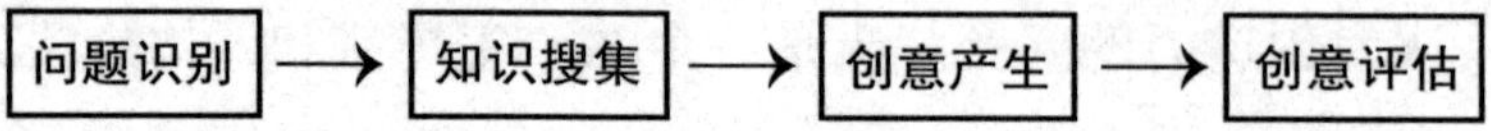

图 2-1　创造力过程模型

三、组织创造力过程视角的相关研究

在上一节中，从过程的视角对创造力的相关研究进行了回顾，这些研究更多是聚焦于心理学研究领域，从认知信息加工的视角进行描述。本研究将在本节基于上述过程模型，进一步对组织行为研究领域中的相关理论研究进行回顾和分析，以便更好地对组织创造力的特征维度进行分析。

（一）问题识别阶段的相关研究

创造力行动理论提出了一个影响创造力行动因素的理论框架，这些因素包括：意义构建、动机、知识和技能。个体总是在不断地进行意义构建过程，意义构建过程受到图式的影响，图式对信息赋予了意义和结构，从而引导理解和行动［焦亚（Gioia）和池逋佩蒂（Chittipeddi），1986］。基于行为事件常规特征的组织良好的图式，会促使个体在熟悉的环境中采取习惯性的理解和行动方式。福特（Ford）（1996）指出创造力行动和惯例性行动是对立的两个方面，即使在支持创造力行动的环境中，个体也很有可能选择那些基于过去成功经历，更加容易和确定的熟悉的行动方式。过去的理论都假设在面对创造力行动和一般行动方式时更加偏好创造力行动，而忽视了个体对这两种行动方式的不同偏好 [福特（Ford）, 1996]。

很多时候，问题构建过程仅仅是一个简单的自动过程，很快就会进入后边的问题解决阶段（信息搜集和创意产生）[曼福特（Mumford）等, 1994]。然而，当问题构建过程以这种自动的方式进行时，问题框架则会局限于问题解决这过去的经验和图式表征。问题构建过程决定了其他问题解决过程的情境属性，因此问题构建对创造力方案的产生有非常重要的影响，许多研究都证实了这种关系 [赖特帕尔蒙（Reiter-Palmon）等, 1998]。研究发现，当增加用于构建问题的时间时，产生的方案会有更高的质量和原创性 [雷德蒙（Redmond）等, 1993]。当被试学习了如何对问题进行多样化的构建以及开始关注问题构建过程时，就会产生更高质量的原创性的方案 [贝尔（Baer）, 1988]。在动态和不确定的外部环境中，企业会面对更多的结构不良问题，这些问题往往都有多种可能的目标、解决途径和结果。因此，在解决问题之前，需要首先对问题进行构建，这也是创造力过程的首步。有关问题发现（problem finding）的研究已经表明了上述认知解释过程的重要性 [狄龙（Dillon）, 1982]，这些研究发现在问题发现方面的个体差异有效预测了职业艺术家的创造力。有些个体更倾向依赖于过去的认知解释；而有些个体则具备更多的发现导向（discovery orientation）。具备发现导向的艺术家，能够从不同的视角来看待问题和情境，能够发现问题，以及提出新的问题，这些艺术家获得了更多的创新成就 [契克森米哈（Csikszentmihalyi）和格策尔斯（Getzels）, 1988]。

（二）知识搜集阶段的相关研究

创新并非无中生有，而是通过对现有知识和新知识进行重新整合来实现[科格特（Kogut）和山德尔（Zander），1992]。已有的理论研究阐释了组织创新的路径依赖性[纳尔逊（Nelson）和温特（Winter），1982]，这些研究认为过去的知识搜索结果会成为新搜索过程的起点，因为企业会依据过去的经历和已有的知识基础来判断新搜索知识的重要性和有用性。企业常常是基于已有的知识基础来识别和吸收外部知识[科恩（Cohen）和莱文塔尔（Levinthal），1990]。即使试图通过外部搜索来扩充自己的知识积累，搜索过程也常常会限于熟悉和相近的领域[罗森科普夫（Rosenkopf）和阿尔梅达（Almeida），2003]。

米勒（Miller）等（2007）指出，本地整合指知识整合的元素来自于企业已有的知识基础或类似的知识空间；而远程整合中的知识元素更多来自不相关的其他知识领域，这种整合模式可能会产生突破性的创新以及突破现有的技术范式。通过本地搜索，企业使用类似的技术，采取渐进创新，对现有的技术领域越来越精通。虽然这样有利于在特定领域形成独特的核心能力和竞争优势；但是在动态变化的环境中，如果过度依赖本地搜索，就会陷入“能力陷阱”[莱文塔尔（Levinthal）和马奇（March），1993]和“创新者困境”[克里斯滕森（Christensen），1997]。

跨界搜索至少可以通过两方面来影响企业的产品创新[卡提拉（Katila）和阿胡贾（Ahuja），2002]。一方面，通过增加异质性的知识（new variations）来扩充企业现有的知识基础；另一方面，由于增加了新的知识元素，从而增加了企业发现新的有用组合的可能性；而使用现有的知识元素，则会限制这些新组合出现的可能性。

虽然跨界搜索需要投入比本地搜索更多的成本和实践，存在更高的不确定性，但能帮助企业适应技术环境与市场环境的快速变化，增加企业内部知识的多样性，为解决问题提供更多的备选信息，增加产生新想法、新产品的机会［卡提拉（Katila）和阿胡贾（Ahuja），2002］。

社会网络的相关研究也支持了上述观点。格兰诺维特（Granovetter）（1973）认为，在社会网络中，弱联结更能够将行动者与不同的社会群体联结起来，这样可以获得非冗余的信息从而产生新的价值；而强联结之间却由于彼此在知识结构、经验、背景等方面的相似，所增加的资源与信息大部分都是冗余的，很少能增加新的价值。佩里史密斯（Perry-史密斯（Smith）（2006）发现，弱联结与个体创造力之间存在正相关，而强联结与个体创造力之间不存在相关。周（Zhou）等（2009）也认为，与强联结相比，弱联结更有可能给行动者带来不同的知识和观点，从而为其创造力表现提供更多的机会。

处于网络中心的个体由于容易接触到大量其他网络成员，尤其是当网络结构中有许多弱联结时，他们就有更多的机会获得多样化的信息和观点，从而在与创造力相关的知识和技能方面得到提升［佩里史密斯（Perry-史密斯（Smith））和莎莉（Shalley），2003］。当行动者拥有的相当数量的跨界联结（boundary-spanning）时，处于网络结构的边缘位置意味着个体有机会与其他的网络群体产生联系，从而也有利于创造力的激发［佩里史密斯（Perry-史密斯（Smith）］和莎莉［（Shalley），2003］。

（三）创新想法产生阶段的相关研究

创造力来自于社会互动中对已有知识和想法的重新组合［范德

芬（Van de Ven）1986]，基于上述观点，哈加登（Hargadon）和贝基（Bechky）（2006）提出了一个基于社会互动的创造力模型，该模型包括四个方面：帮助寻求（help seeking）、帮助给予（help giving）、反思性重构（reflective reframing）和强化（reinforcing）。

帮助寻求是指个体面对问题情境的时候，去寻求获得他人的见解和观点，个体的“帮助寻求”行为决定了谁会加入到对问题的解决之中，什么样的知识和经历会被用于问题解决。帮助寻求行为为社会互动提供了机会，从而有利于将创造力从个体上升到集体层面[哈加登（Hargadon）和贝基（Bechky），2006]。然而，帮助寻求行为常常被视为是“无知”和“失败”的表现，因而常常被抑制[阿什福德（Ashford）等，2003]。只有在“帮助给予”得到及时满足的情况下，“帮助寻求”的目的才能实现。人们常常去寻求那些能够接触到的，能够提供帮助并积极参与问题解决的个体以获得帮助。有的时候，寻求帮助的个体能够提出清晰的问题，因而易于得到帮助给予者的回应；然而有的时候，帮助寻求者难以提出清晰的问题甚至错误定义了问题，这时候就需要反思性重构，以实现创造力的问题解决。

社会互动中，集体（collective）创造力的出现在于个体对问题解决提供的思路不仅会影响后面个体所提供的思路，而且对前面个体的思想提高了一个新的诠释。要达到集体创造力的实现，不但需要有合适的个体加入互动，积极地参与互动，而且需要关注他人思想，并且适时地改变对问题的重新界定和解决方案的重新认识。在这样一种互动的情境中，创造力产出很难来自于每个个体，因为每个个体的思想都会影响他人的想法，同时也会被他人的想法所影响。在互动中，通过关注已有知识可能包含的其他不同含义，个体能够保持一种灵活性，发现过去的经历和知识与现实问题之间的新联结，从而能够从更多的角度来解读面临的问题，从而实现问题的创造力解决 [哈加登（Hargadon）和贝基（Bechky），2006]。

强化机制是指支持个体进行“寻求帮助”“帮助给予”和“反思性重构”的因素。包括：①来自于过去进行“寻求帮助”“帮助给予”和“反思性重构”而获得的积极体验；②共享的有关组织支持上述活动的价值观和信念。

创造力和新想法来自于不同知识结构之间的互动，伦纳德巴顿（Leonard-Barton）（1995）将其称为“创造力摩擦（creative abrasion）”，这取决于个体是否能够与他人展开有意义以及协同性的互动，而不仅仅是能够与他人在一起共同工作（如容忍不同的观点），个体所具有的这种能力就被称为T型技能[伊安西蒂（Iansiti），1995]。耶恩（Jehn）（1995）发现，接受冲突的团队规则能够促进开发和建设性的讨论氛围，增加任务相关的积极冲突，从而促进创新。埃德蒙森（Edmondson）（1999）研究发现，安全的心理氛围使得团队成员表现出更多的学习和风险行为，从而产生更多的创新产出。任务相关的冲突是信息冲突，而非兴趣冲突、情绪冲突和人际冲突，有利于整合各种多样的知识和观点，从而促进创新（德德鲁（De Dreu）和韦斯特（West），2001）。已有的研究表明，在合作性的情境中，建设性的争论有利于创造力的产生 [乔斯佛德（Tjosvold），2008]。建设性的争论指对各种对立的观点进行深入的探索以及坦诚的分析，这种情形更多出现在合作性的情境中。

（四）创新想法评估阶段的相关研究

对于个体创造力来讲，创新想法的评估更多是一个认知的过程，而对于组织来讲，这个过程则具有更多行动的特征。

福特（Ford）（1996）基于系统结构观（systematic-structure

view）和认知解释观（interpretive view）分析了在不同的视角下组织创造力行动与学习和变革的关系。系统结构观认为，环境中的信息是客观存在的，通过数据收集可以获悉信息。不确定性（缺乏客观的信息）能通过数据收集而被消除。通过对收集的信息进行分析而获得理解（understanding），而理解则导致了下一步的行动。组织应该通过详细大量的信息收集和分析来克服对外界的无知。在系统结构观下，许多行动的结果都被忽略了，因为它们与最初的计划和效标是无关的，并不太关注来自环境的反馈信息，而更多关注那些与计划有关的信息，以保证行动对计划的遵循。

认知解释观认为，外部环境是模棱两可的（ambiguous），仅有的一些“确定性”也是产生于社会构建的，因而可以进一步被解释。组织行动者的目标变成了对各种解释（interpretation）进行讨论，通过行动来应对不确定性的环境，以及通过各种行动来设定和检验不同的解释。不是理解产生了行动，而是行动产生了理解。在认知解释观下，组织并不基于最初的计划或决策对行动的价值进行评估。而是从环境中获取大量的反馈，从而获得有效地解释，并且对这些反馈进行快速的应对。认知解释观为组织学习提供了一个主动性的途径（proactive means），组织不仅对行动中的错误进行应对，而且有意识地主动引入各种变异，并且能够快速地应对来自创造力行动的反馈。创造力行动为组织学习提供了大量丰富的素材。因为创造力行动主动引入各种变异（variation）来测试模棱两可的环境，即使在熟悉的环境中，创造力行动也能为组织学习提供新鲜的见解。

奥格尔维（Ogilvie）（1998）提出，在动态不稳定的环境中，决策者可以通过基于想象的创造力行动来提升组织的效能。通过使用想象性技术来采取小规模的行动，企业可以收集信息，发现多种问题，并且产生多样化的解决方案。想象过程能扩展搜索空间，从而使得决策者能产生新的组合和联想，产生与以往解决方案不同的想法。不稳定（unstable）的环境更加有利于上述创造力行动（过程）的开展，因为不稳定的环境能提供丰富的随机信息，借助于这些信息，企业能通过想象性的决策过程来产生解决战略问题的创造力的方案。而在稳定的环境中，基于理性逻辑的决策过程能产生更高的解决方案。

有关机会识别的相关理论研究也给出了类似的描述[阿尔瓦雷茨（Alvarez）和巴尼（Barney），2007]。“机会发现（discover）观”认为机会是外生的，产生于科技、顾客偏好或其他产业和市场特征的变化。机会独立于创业者的行动或感知，作为一个客观的现象而存在。在机会外生的假设下，创业者应该通过系统的扫描环境和搜索策略来找到可以产生新的产品或服务的机会。“机会创造（creation）观”则认为，机会是内生于创业者在探索各种途径以创造新产品或服务的行动和设定过程之中，是由创业者所创造的，而不是被其发现的。搜索并没有太大的意义。创业者开展行动，并观察来自顾客和市场对此行动的反应，然后修正行动。创业者基于自己最初有关机会的信念展开行动，观察来自市场的反应，然后修正最初的信念。

从实用主义的基点出发，乔阿斯（Joas）（1997）对行动中的创造力进行了分析，指出大多数情况下，目的是在行动中涌现（emerge），或是构造于反思之中，而不是先于行动之前就存在。在创造力行为理论下，目标和偏好只有在行动中才会变得清晰，而且两者都是可变的，原来的目标或偏好可能被重新修正也可能被放弃，从而改变接下来的行动特征，而行动又会再次影响目标和偏好的变化，从而不断迭代。在创造力过程中，不断进行自我反思性的分析，从而重新理解自我。以及基于社会构建的对事件的解释，从而导致发现新的意义和可行方案。

第二节　组织创新导向研究

一、战略导向研究回顾

组织创新导向属于战略导向的研究范畴。在组织层面上，战略导向被认为是一种特定的管理层认知、先验假设、倾向、动机和意愿，对战略形成有着潜在的影响和引导，最终决定组织的前进方向[普拉哈拉德（Prahalad）和贝蒂斯（Bettis），1986]。威特（Witt）（1998）也指出，任何创业活动都起始于企业家的商业概念，这是一种泛化的抽象的认知框架，有助于对未来的信息和机会进行解释和应对。不同战略导向的公司在面临相同的创业环境时，会由于其特定的认知框架和决策风格而表现出不同的创业行动。汉布里克（Hambrick）和梅森（Mason）（1984）指出，组织行动（战略和效能）是组织行动者（高层决策者）价值观和认知框架的反映，这种行为视角的组织决策和行动观点早在卡耐基学派学者（Carnegie School）的论述中就已经出现[西尔特（Cyert）和 马奇（March），1963]。希特（Hitt）等（1997）认为，组织的战略导向反映了组织高层的心智模型。而心智模型（mental models）反映了共享的价值体系和共识，构成了对事物之间关系理解的基础，阐述了行动的重要性原

则 [基斯勒（Kiesler）和斯普劳尔（Sproull），1982]。组织的心智模型反映了组织成员共同的认知框架和信念系统，从而影响并决定了组织的行动模式 [尼斯比特（Nisbet）和罗斯（Ross），1980]。

在有关战略导向与创新之间关系的研究中，市场导向和学习导向是目前最常涉及的两种战略导向，同时也有一些研究探讨了企业家导向与创新之间的关系。孙永风等（2007）研究了不同战略导向对于企业创新模式选择的影响，发现企业家导向对突破式创新模式选择的影响更大，而市场导向则对渐进创新模式选择的影响更大。卡兰通（Calantone）等（2002）的研究发现，组织的学习导向对组织创新性（innovativeness）有显著的影响，在他们的研究中，创新性一方面被视为一个行为变量，反映了组织创新采纳的程度，另一方面被视为一种倾向，即组织变革的意愿。不过最后的实证研究创新性是一个一维变量。郭贤达等（2009）发现，市场导向和创新导向都能通过影响组织学习影响公司的新产品绩效从而提升公司的绩效。卢卡斯（Lukas）和费雷尔（Ferrell）（2000）有关市场导向和产品创新的研究发现，市场导向的不同维度对不同的产品创新模式的选择有显著的影响。上述研究的一大共同点就在于创新往往被定义为结果或绩效，因此并没有回答战略导向与创新行动之间的关系这一问题。

二、组织创新导向相关研究回顾

相比之下，有关创新导向的研究似乎从字面上理解可能与创新行动的关系会更为密切。然而，通过文献回顾可以发现，目前有关创新导向的定义和度量主要可以分为两类。一类研究将创新导向视为一种结果变量来进行度量，如新产品的数量、研发支出、市场进入次序、市场业绩表现等来度量创新导向 [马努（Manu）和斯里兰（Sriram），1996]。另外一类研究则从组织文化的视角来定义和度量创新导向，比较有代表性的是赫尔利（Hurley）和霍特（Hult）（1998）的研究，其中对创新导向的度量包括："在公司中创新被认为有很大的风险而被阻止""公司积极地寻求创新的管理理念" 等条目。

而在具体的实证研究方面，李先江（2010）研究发现，创新导向对以技术为基础的突破性产品创新、以市场为基础的突破性产品创新和突破性价值创新有正向的积极影响，创新导向对企业绩效的正向影响不显著，但可以通过突破性营销创新间接对企业绩效施加正向积极影响。杨智等（2009）实证研究发现创新导向（包括创新精神和冒险精神）透过营销能力对企业绩效产生正向影响，营销能力具有完全中介效应。有关创新导向和创新之间的关系仍然是限于从结果的视角进行探讨。进一步深入可以认为，这些研究背后似乎都存在一个共同的假设，即创新导向通过影响组织的创新行动，从而影响组织能力的获取以及相应绩效的提升。这只是笔者的一种推理，也正是本书所要尝试回答的一个问题。

辛普森（Simpson）等（2006）指出，创新领域的研究大多聚焦于对创新（比率、速度及效益）的影响变量的探讨。他们认为创新导向是一种知识结构，反映了一种在组织范围内得到共享的信念和认知，并且能够引导组织的战略和行动。西格瓦（Siguaw）等（2006）也指出，虽然创新已经得到了广泛的研究，如创新类型、研发及创新扩散等 [如范德芬（Van de Ven）等，1999]，然而这些研究往往都是就创新本身的研究，忽略了从更加持续和动力的视角将创新视为组织的一种倾向或是目标来进行探讨，因为创新本身并不是组织获取长期商业优势的必要条件 [塔什曼（Tushman）

等，1997]。相反，组织长期成功依赖于一种更加概化的组织层面的创新导向，这种导向更加指向于孵化组织的创新能力和行动而非指向于某次具体的创新。然而，虽然在有的研究中使用了创新导向作为一个变量，但这些研究对于创新导向的理解和定义还相当模糊，并没有给出一个清晰地有关创新导向的定义或框架，而且更多是从市场职能的视角而非组织系统层面来构思创新导向[如摩曼（Moorman）和斯洛特格拉夫（Slotegraaf），1999]。由于缺乏统一明晰的定义，导致我们目前对于创新导向如何推动组织持续创新的理解还非常表浅。

三、组织创新导向的内涵

昆杜（Kundu）和卡茨（Katz）（2003）认为创新意图（intention）是创新导向的一个构成要素，而沃伦（Worren），Moore 和 Cardona（2002）认为创新导向包括创业意图（entrepreneurial intent）和创新氛围（innovation climate）。前者反映了企业开发新产品和进入新市场的战略倾向；而后者则指代一种鼓励员工创造力和愿景共享的组织氛围。在阿图亚涅吉美（Atuahene-Gima）和科（Ko）2001）的研究中，创新导向被定义为支持和鼓励员工创新和冒险行为的人力资源管理实践。阿玛贝尔（Amabile）（1997）认为创新导向中最核心的要素包括：对创造力和创新的重视（value），风险取向（相对于维持现状的保守取向），对工作的热情和组织员工能力的认可，以及富有进取性和前瞻性的行动倾向（相对于简单的维持现有优势地位的态度）。相对而言，西格瓦（Siguaw）等（2006）提出的创新导向模型对创新导向的结构及其动力特征进行了更为详尽的分析（图2-2）。

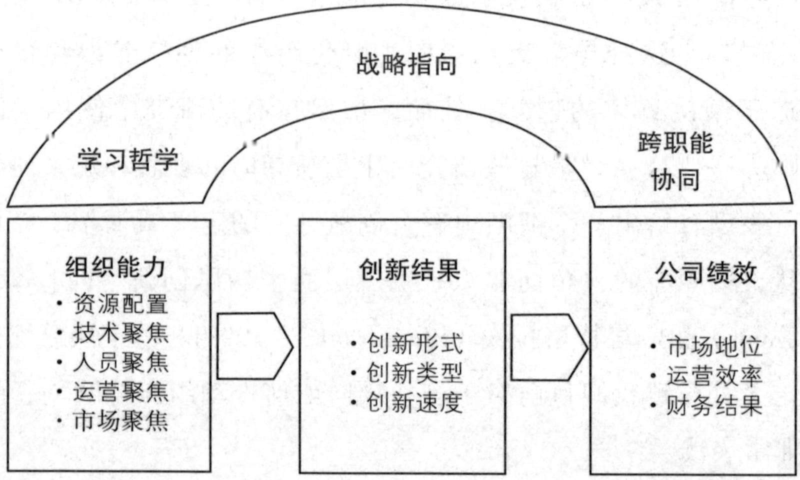

图 2-2 组织创新导向模型：驱动力、行为和结果

西格瓦（Siguaw）等（2006）将创新导向定义为一种多维的知识结构，包括学习哲学、战略指引及跨职能协同三个维度，这些知识结构指引着组织的战略和行动，包括嵌入于正式和非正式组织系统的行为、能力和流程，从而促进创新思维以及成功的创新开发和执行。创新导向是根植于组织结构里的一套会影响组织活动的认知系统，而不是具体的一套标准化行为（normative behaviors），如鼓励风险行为。子恩（Zien）和巴克勒（Buckler）（1997）发现，所有的创新型公司都具有一些相似的相互交织的核心准则，而差异化则更多是体现在具体的创新实施上。有关创新导向的这种定义对信念和行动进行了区分，同时知识结构也不等同于文化或是代表一组行为准则。在组织层面，知识结构是指一套不断变化的“目标、因果信念和其他认知因素”，它们为组织成员的行为和行动指明了方向 [莱尔斯（Lyles）和施温克（Schwenk），1992]。现有关于“导向”的研究，包括市场导向和创业导向，都在某种程度上混淆了认知和

行动的界线 [德什潘德（Deshpande）, 1999]，因此创新导向的界定要更加聚焦于认知方面，从而避免与行动要素相混合。

李悦（2012）对创新导向与创新绩效之间的关系进行了分析，指出作为一种行动逻辑，创新导向通过触发不同的组织创新行动，而创新行动又推动了整个创新过程的发展，从而对组织的创新绩效产生影响。从过程的视角进行分析，创新是一个将已有知识重组为创新思想，并将创新思想转化为具体创新产出的过程。因此创新过程总体上可分为“知识输入”“创意产生”和“创意转化”三个阶段。这三个阶段又可分别对应于三种不同的组织创新活动:“组织学习”“组织创造力”和“创新实施”，而这三种活动背后的动力系统正是组织创新导向。

第三节 模糊情境下的决策判断研究

一、模糊的界定

风险决策中的“不确定性”大都是指具有一个确定概率测度的不确定性，其本质上是一种确定的风险情境。奈特（Knight）（1921）把不确定性分成了两种情况：①有概率分布的不确定性，就是常说的“风险”；②没有客观概率分布的不确定性。后一种不确定性才是真正的不确定性，称为奈特不确定或模糊不确定。埃尔斯伯格（Ellsberg）（1961）使用经典的“双色球问题”实验展示了人们在决策选择时对主观期望效用模型假设的违背，同时面对确定概率和模糊概率时，被试选择确定概率的现象被埃尔斯伯格（Ellsberg）称为“模糊规避”，这就是有名的埃尔斯伯格（Ellsberg）悖论。

卡梅尔（Camerer）和韦伯（Weber）（1992）总结和归纳了对模糊的不同界定。他们指出目前对于什么是模糊的理解主要可以分为三种观点：无视模糊（banishing ambiguity）、二阶概率观（second-order probability）和信息缺失观（missing information）。无视模糊这种观点本身在理论假设和解释力上有缺陷，所以已极少为学者引用（杜秀芳和张科，2010）。二阶概率观是指利用一组概率区间表征模糊程度的方法，比如在埃尔斯伯格（Ellsberg）的双色球试验中，模糊罐中黑球的概率被认为是均匀分布在0 ~ 1之间，而不是单一的0.5。信息缺失观试图从认知的角度来理解模糊，模糊程度取决于信息的数量、类型、可靠性以及群体一致性（unanimity）。弗里斯（Frisch）和巴龙（Baron）（1988）认为，模糊是有关概率的不确定，这是由于相关信息的缺失，而这些信息是可知的。

二、模糊情境中的决策机制

自从模糊规避的研究开展以来，学者们尝试从不同的角度来探寻人们模糊决策背后的心理机制，目前的解释主要可以包括以下五种（张军伟等，2009）。①敌意本质（Hostile Nature）假设。这种观点认为个体不会将模糊情境视为随机现象，而是将其视为一个敌对或竞争性情形，从而选择回避。②他人/自我评价（Other/Self Evaluation）假设。由于个体认为自己的决策判断会受到他人的评估，因此会尽量选择那些看起来合理的选项，以免受到责备或使自己显得胜任（competent）。③能力（Competence）假设。能力视角的基本观点是人们倾向于选择自己熟悉、感到胜任从而有更大把握的选项。④希望—恐惧（Hopes and Fears）假设。维斯卡西

（Viscusi）和切森（Chesson）（1999）认为，人们对于模糊的规避或寻求态度是由于“希望认知”和“恐惧认知”造成的。他们列举了一个有关医疗的例子来对上述观点进行解释。假如医生告诉你，现在你有可能患上了一种致命的癌症，但是这个机率是很小的。那么你是愿意面对这种准确的小概率情境，还是另一种不确定情境：你会被告知，有的医生认为你患病的概率大大高于上述确定的小概率，而有的医生则认为你患病的概率大大低于上述确定的小概率。在这种小概率损失的情况下，人们会更多受到“恐惧认知”的影响，从而表现出模糊规避。而另外一种可能则是假设医生告诉你，现在你有可能患上了一种致命的癌症，而且这个机率很大。在模糊情境中，有的医生认为你患病的概率要高于上述确定的小概率，而有的医生则认为你患病的概率大大低于上述确定的小概率。在这样的情况下，人们会更多受到“希望认知”的影响，因而更加愿意选择模糊情境。因此他们指出，模糊情境中决策的偏好反转想象是由于，不同概率水平的模糊情境让人们产生了不同的“希望认知”和“恐惧认知”。（5）锚定—调整假设。爱因霍恩（Einhorn）和霍加思（Hogarth）（1985）提出了锚定—调整模型来解释在模糊情况下的决策。这个模型最基本的思路是所谓模糊规避和寻求是由于被试首先对所获得的概率估计设定锚定概率值再进而对概率估计进行调整的结果。

三、模糊规避的相关实证研究

有研究者在获益和损失的情境下对人们在赌博情境中的模糊决策进行了研究，结果发现在获益和损失的情况下，个体都倾向于模糊规避（霍加思（Hogarth）和爱因霍恩（Einhorn），1990）。而卡恩（Kahn）和沙林（Sarin）（1988）在消费决策情境中的研究发现，在获益的情境中个体是模糊规避的，但在损失的情境中却表现出模糊寻求。他们给出的解释与维斯卡西（Viscusi）和切森（Chesson）（1999）提出的“恐惧效应”类似，也就是相比等量的获益损失会产生更大的心理效应。过去的现场和实验室研究都发现，在获益的情境中，管理层会把更多的注意力放在避免业绩下滑到给定的目标之下，因此在决策的时候会更加关注潜在的损失（霍（Ho）和维拉穆尼奥斯[维拉（Vera-Munoz），2001]，从而表现出模糊规避。同理，在损失情境中面对模糊概率时，管理决策者也更致力于寻求目标的达成，即使模糊概率内含着更高的风险。比如当管理者面对两个都不太理想的选项，一个是有确定的概率 p，而另一个则具有模糊概率 $p \pm \Delta$。在这种情况下，模糊概率通常会被视为有更多的机会帮助决策者达到目标，因此引起了“希望感知”从而表现出模糊寻求。

奥利弗（Oliver）（1972）研究了模糊结果对于银行家放贷决策的影响。结果发现，那些模糊情境中银行家的放贷意愿更低，说明了模糊规避的发生。库恩（Kuhn）和布代斯库（Budescu）（1996）使用环境问题和健康问题（两者都代表损失情境）的研究发现，无论是模糊概率还是模糊结果都会导致模糊规避，对个体模糊决策的影响是一致的。而霍（Ho）等（2002）的研究却发现上述两种不同的模糊来源对个体决策产生了不同的影响。在模糊概率的情境中，只有那些将模糊概率和确定概率视为风险相差不大的个体才会表现出和模糊结果一致的决策倾向。而那些将两者风险感知为差异更大的个体则倾向于在获益和损失情境中都表现出模糊规避的倾向。张凤华（2009）采用艾尔斯伯格悖论的研究范式，采取二择一的迫选任务，探讨了不同球数和不同模糊程度下模糊决策的决策偏好。结果发现，球数的不同对决策的偏好基本上没有影响；而模糊程度的不同，对决策的偏好有影响。具体表现为，模糊程度较高时，被试倾向于模糊厌恶；而模糊程度较低时倾向于模糊寻求。

刘（Liu）（2011）指出，虽然人们在面对模糊情境时表现出来的规避倾向已经得到了大量研究的证实，然而很少有研究探讨个体差异对于模糊规避的影响。麦克林（McLain）（1993）对个体的模糊容忍（tolerance for ambiguity）进行了测量，然而却很少有研究指出这种稳定的个体差异（如动机和目标取向）是否也会对个体的模糊规避倾向产生影响。

第四节　动态能力研究

一、动态能力的概念和内涵

蒂斯（Teece）等（1997）认为动态能力是公司整合、构建和重新配置内外部的能力以满足快速变化环境的能力。从演化的视角，艾森哈特（Eisenhardt）和马丁（Martin）（2000）将动态能力定义为企业使用资源的过程，包括对资源的整合、重构、获取和放弃，以应对或创造市场变革。因此，动态能力是组织的战略和惯例，当市场兴起、出现冲突、分裂、演化及消亡时，利用这种惯例，使公司获得新的资源配置。佐洛（Zollo）和温特（Winter）（2002）将动态能力定义为组织通过学习以获得集体活动的一种稳定模式，通过这些活动组织系统的产生与修正其运营惯例，以追求绩效的改善。王（Wang）和艾哈迈德（Ahmed）（2007）则认为动态能力是企业为了在快速变化的环境中赢得持续竞争优势，从而必须具有不断整合、重构、更新和再造自身资源与能力的行为倾向。蒂斯（Teece）（2009）认为动态能力不仅包括企业感知环境并通过整合企业现有资源从而抓住机会的能力，而且包括通过组合资源重新塑造企业所处的生态环境，从而创造全新商业机会的能力。

从上述这些定义可以看出，从最一般的意义上讲，动态能力是企业有意识改变企业资源基础的努力，是使组织内部资源能力（财产性资源和知识性资源）与外部环境之间相匹配的一种能力，是通过创造、整合、重新结合和释放资源的方式来改变企业资源储备的一个组织过程，其扎根于以知识为载体的组织流程和惯例中，它使企业现有操作能力形式从一个状态变为另一个状态，从而使企业适应快速变化的外部环境或者重新塑造自己所处的生态环境。

二、动态能力的要素

蒂斯（Teece）等（1997）提出决定企业独特竞争力的动态能力由3个维度构成：流程、位势和路径。蒂斯（Teece）（1998）则认为企业动态能力包括外部感知（external sensing）能力和组织行动（organizational action）能力。王（Wang）和艾哈迈德（Ahmed）（2007）认为动态能力包括三类能力：适应能力、吸收能力和创新能力。三方面的能力各有侧重：适应能力聚焦于企业整合、重组自身资源以应对环境的变化；吸收能力侧重于企业学习外部知识，并将它转化为自身的新能力；而创新能力则强调企业自身的能力与新产品（市场）间的创新路径或过程。奥赖利（O'Reilly）和塔什曼（Tushman）（2008）在讨论如何破解创新者困境时把组织双元性也视为动态能力，并且在继承和发展蒂斯（Teece）（2007）的动态能力三分法的基础上指出，企业为了构建和培育机会感知能力，必须跨越技术和市场边界进行扫描、搜寻和探索；机会捕捉能力是指战略洞察能力、制定和执行正确战略的能力；而整合和重构能力是指企业针对新的增长机会重新配置资源的能力。

后来的研究将知识基础观与现有动态能力研究融合，指出动态能力是组织竞争力与能力的子集合，知识的创造和吸收能力、知识的整合能力以及知识重新配置的能力是动态能力的内在基础。尼尔森（Nielsen）（2006）认为，动态能力是随着知识的变化而变化的，其演化过程就是追求新知识的过程。随着知识创新过程的进行，组织各个层次的显性和隐性知识不断地相互转化和发展，并表现出螺旋上升的态势。同时也表现为特殊性知识、整合性知识以及配置性知识的不断变化，就会形成一种新的动态能力（曾萍和蓝海林，2009）。

维罗纳（Verona）和拉瓦西（Ravasi）（2003）指出了动态能力基于知识的本质特征，他们将动态能力理解为知识创造和吸收、知识整合和知识重构三种过程。塞佩达（Cepeda）和维拉（Vera）（2007）认为，动态能力的发展和使用背后是一系列知识管理过程，包括选择企业所需的知识、复制新知识以及保持新知识，而动态能力的产出—可用的知识组合是新的运作能力的基石。普列托（Prieto）等（2009）在讨论新产品开发中的动态能力时，认为动态能力包含知识激发、知识整合和知识重构三个维度。

三、动态能力的形成机制

尼尔森（Nielsen）（2006）提出动态能力是随着知识的变化而变化的，其演化过程就是追求新知识的过程。佐洛（Zollo）和温特（Winter）（1999）认为，动态能力是三个相关的学习机制的结果，这三个学习机制是隐性经验的积累过程、知识外在化和知识编码活动，其中后两者是学习的认知行为，经由它们企业形成动态能力。基于将企业视为一个知识系统的观点，佐洛（Zollo）和温特（Winter）（2002）进一步解释了组织学习机制是如何实现动态能力演进的。组织知识的演进包括生成变异、内部选择、复制和保持四个阶段，并由探索性学习、知识外显化、利用性学习和知识内隐化四种活动推动。其中生成变异是演化的逻辑起点，促使企业根据外部环境刺激或反馈对原有的知识系统进行审视和重组。四个阶段前后相继，构成“知识演化循环”。塞佩达（Cepeda）和维拉（Vera）（2005）也认为，动态能力的发展和使用背后是一系列知识管理过程，包括选择企业所需的知识、复制新知识以及保持新知识，而动态能力的产出—可用的知识组合是新的运作能力的基石。而阿德纳（Adner）和海尔法特（Helfat）（2003）综合考察了各类资源要素，认为动态能力会受到人力资源、社会资本和管理层认知三个潜在因素的影响。这三类因素单独或者共同起作用，决定了企业战略性和操作性管理决策，并进而对动态能力产生重要影响。闰多瓦（Rindova）和科萨（Kotha）（2001）研究发现，高层团队及其关于组织演化的信念对于动态能力的形成和企业形态持续演化具有重要作用，动态能力依赖于新兴事件的学习过程以及在组织形式演化过程中的一些基本规则，同时也取决于高层管理团队的支持。因此，他们认为企业要培育动态能力，其组织形式必须是分权化和有机的。

焦豪等（2008）研究发现，创业导向通过组织学习影响了企业的动态能力。企业动态能力形成从根本上是组织记忆系统的更新过程，这种更新过程是一种组织范式转变的代际推进过程。卢启程（2009）对企业动态能力形成和演化的知识活动及其组织学习机制进行了分析，指出各种类型的知识活动是企业动态能力形成的基础和来源，组织学习机制是动态能力持续发展的根本保障。张军和金露（2011）的案例研究发现，创新活动中心的转移推动了动态能力的发展，并决定了动态能力发展周期内非均衡特点；动态能力发展的非均衡性所产生的价值潜力是动态能力演化的内生驱动因素。董俊武等（2004）提出了一个基于组织知识的动态能力演化模型，认为动态能力的演化主要是围绕变异、内部选择、传播和保持四个阶段循环进行。企业动态能力的演化实质是一个知识学习过程，其中组织知识的发展过程实际上就是企业动态能力的演化过程。

第五节　组织双栖研究

一、组织双栖的内涵

组织双栖（ambidexterity）指组织采用探索性和开发性活动的能力[赖施（Raisch）和伯金肖（Birkinshaw），2008]。双栖是指组织通过采用截然不同的活动而管理和满足相互矛盾的要求的能力[布利多（Bledow）等，2009]。根据不同活动在时间维度和空间维度被区分和整合的形式，组织双栖可以采用不同的形式[古普塔（Gupta）等，2006]。比如，在空间维度方面，可以由不同的个体或团体来负责不同的活动；而在时间维度方面，可以由相同的个体或团体在不同的时间来操作不同的活动。双栖特征存在于组织的所有层面上，包括个体、团队和组织层面，都需要找到和采取有效地策略来应对实现创新所必需面对的相互矛盾的要求。古普塔（Gupta）等（2006）认为，将这些相互矛盾的活动分开由不同的子系统来完成会出现问题，因为这样会失去同时完成两种活动所可能产生的合力。虽然解决探索和开发这两种活动需要一定程度的分离，在组织各个层面上，探索性活动和开发性活动以及它们之间的对立往往是同时出现的，因为人类思维和行动很少是完全单一的探索性或开发性。赖施（Raisch）和伯金肖（Birkinshaw）（2008）对双栖组织及其含义的相关文献进行了回顾，他们认为双栖并非仅限于探索性和开发性之间的对立情形，同时也包括其他对立矛盾的事物，包括：渐进性创新和急剧式创新，延续和变革，有机式和机械式组织结构等。因此，双栖的核心特征在于整合相互对立冲突的活动、策略或特征。

在个体层面，个体通过思维模式（mindset）和行为模式的转换而完成相互对立的活动，即个体借助于自我调节机制不但完成探索性活动以及开发性活动，而且整合两种活动从而实现创新。研究发现，新产品开发团队的领导能够在两种风格之间进行转换，一种是在不确定时期的探索性风格，另一种是在确定时期更加具有计划性和执行性的风格，而具备上述特征的领导风格能够更好地推动团队创新 [刘易斯（Lewis）等，2002]。

双栖组织能够通过结构化的方式将探索性活动和开发性活动分别配置给不同的单位来完成，从而解决改进已有产品和开发新产品之间所存在的内在冲突。在这样一种情况下，一个组织则需要为承担不同任务的单位分别设置不同的流程、制度和标准，以及塑造不同的氛围以满足不同的要求 [奥赖利（O'Reilly）和 塔什曼（Tushman），2004]。布利多（Bledow）等（2009）认为，其实在许多情况下，不同的价值诉求和组织活动并非互不相容，而更多是相互补充的。例如，吉尔森（Gilson）等（2005）的研究发现，创造力和标准化并非相互抵触而是相互补充，从而能产生更好地组织绩效。

罗辛（Rosing）等（2010）认为，在组织层面的角度，或许可以使用“或者……或者”的逻辑将对立的活动（探索性 vs. 开发性）进行区分和独立操作。一些研究者则认为，对立的策略（如探索性和开发性）应该被整合成为更加复杂和高阶的策略，从而同时包含两种活动或策略 [罗辛（Rosing）等，2010]。然而，在个体或团队层面，这些对立的活动却具有内在的联系而不能被截然分开，即个体或团队需要在探索性和开发性之间进行不断地转换以实现最终目标。因此，在个体和团队层面，“兼而有之”这一逻辑应该是一个更加合理和有效地策略。情境双栖意味着个体或团队能够自主地决定如何以及在什么时候使用何种策略（如探索性策略或开发性策略）来实现目标 [吉普森（Gibson）和伯金肖（Birkinshaw）, 2004]。

成功实现创新目标的真正挑战在于创新过程中的创意产生阶段和创意实施阶段并不是截然独立而可以被清晰区分的两个阶段。因而，这两个过程并非严格的属于每个阶段，而是贯穿于整个创新的过程之中。同样，探索性活动和开发性活动也不仅仅只作用于或属于某些阶段，而是贯穿于整个创新过程之中。因此，如何在这些对立的活动之间实现平衡，即双栖，是组织创新过程中的核心问题和特征 [罗辛（Rosing）等，2010]。

二、组织双栖的形成机制

1. 结构机制

组织可以通过结构机制来应对采用对立策略或对立活动所面临

的冲突要求 [吉普森（Gibson）和伯金肖（Birkinshaw）, 2004]。在结构机制方面最基本的核心思想包括两个方面：空间区分（spatial separation）和平行结构（parallel structures）。

空间区分即由分开的不同部门（单位）独立地完成相应的活动（探索性或开发性）[邓肯（Duncan）, 1976]，从而保证组织能够同时拥有不同的能力来应对对立活动所产生的不一致要求 [吉尔伯特（Gilbert）, 2005]。上述不同的部门不仅在地理位置和文化氛围方面相互区分，而且具有不同的激励系统和管理团队。而这些部门之间的战略整合则通过高层团队的合作以及共享的组织文化来实现。

与空间区分不同，平行结构主要指同一部门（单位）既要进行探索性工作，也要开展开放性工作，即通过在不同结构之间的转换来处理它们之间的对立要求 [吉普森（Gibson）和伯金肖（Birkinshaw）, 2004]。例如，一个部门的主要结构在于通过惯例性的工作来维持稳定性和效率，同时也包括其他次级结构（如项目型团队和团队网络）以便实现非惯例性的工作和创新，从而抵消单纯的惯例性结构所存在的不足 [戈德斯坦（Goldstein）, 1985]。

2. 情境机制

除结构机制外，双栖情境是实现组织双栖的另一个途径和机制。通过双栖情境的塑造，可以给员工提供更多的自主以决定如何分配和转换自己的时间和活动，从而在不同的要求之间实现平衡。吉普森（Gibson）和伯金肖（Birkinshaw）（2004）认为，可以通过共享愿景和信任氛围塑造等途径来培养双栖的情境氛围。

3. 领导机制

作为公司的领导者，高管被视为在组织双栖的培育中非常关键的角色 [塔什曼（Tushman）和奥赖利（O'Reilly）, 1997; 史密斯（Smith）和塔什曼（Tushman），2005]。另外，最近也有一些研究者认为，不同的管理层会影响不同的活动。例如，弗洛依德（Floyd）和莱恩（Lane）（2000）认为，探索性的工作更多属于操作层面，相应的管理者的职责也应更多地尝试新的方法来解决新的问题，而高层领导的角色则更多在于接下来的选择和利用等开发性的工作。而其他一些研究者则认为，高层领导应该同时采取探索性和开发性活动 [古普塔（Gupta）等，2006; 沃尔伯达（Volberda）等，2001]。

贝克曼（Bechman）（2006）发现，管理层的团队构成是探索性行为和开发性行为的一个影响因素。卢巴特金（Lubatkin）等（2006）提出，行为整合（behavioral integration）是组织双栖一个重要的前提条件，能够同时影响团队的探索性和开发性。行为整合的程度取决于团队的合作行为，信息共享的数量和质量，以及对共同决策的重视。

罗辛（Rosing）等（2010）提出了两种有利于实现探索性活动和开发性活动的领导行动特征：开放性特征（opening）和封闭性特征（closing）。开放性领导特征能够推动探索性活动的进行，包括鼓励下属采取不同的问题解决方式，进行尝试，为独立思考和行动提高空间，支持下属挑战已有的做事方式等。而封闭性领导特征则主要与开发性活动有关，包括建立流程制度以规范和约束下属的行动模式，采用纠正性策略，设立具体的行动指导方针以及对目标达成的监控等。此外，仅仅具有上述两种特征还不足以实现有效创新，双栖领导还要求能够在上述两种策略之间进行灵活的转换，从而匹配任务和情境的要求。例如，在丰田公司，容忍失败的文化有利于探索性活动的进行；严格的层级管控则有利于开发性活动的进行。

作为一种认知特征，整合性思维（integrative thinking）是双栖领导的一个重要特征。整合性思维指在思维中能够同时持有两种相互对立的想法。当领导者相信探索性活动和开发性活动或开放性策略和封闭性策略之间并非相互排斥而是能相互补充和整合时，能够更好地在开放性策略和封闭性策略之间进行灵活的转换，从而同时支持探索性和开放性活动。组织的主动性氛围（climate for initiative）能够同时支持组织的探索性目标和开发性目标。一方面，个体主动性能够产生更多的创意为创新提供元素；另一方面，主动性氛围有利于个体在创新实施过程中解决各种不能预见的问题，从而推动创新的实施[贝尔（Baer）和弗雷斯（Frese），2003]。在错误管理文化下，一方面能利用错误所带来的多样化而推动探索性工作；另一方面通过利用已有的知识来快速应对和解决错误则能促进开发性工作的完成[范戴克（Van Dyck）等，2005]。

三、组织双栖对绩效的影响

在面对对立的活动要求时，那些能够同时实施探索性和开发性活动的组织会比那些只关注其中一方的组织会获得更好地绩效表现[塔什曼（Tushman）和奥赖利（O'Reilly），1996]。

尽管有很多学者都认为，组织双栖对于组织长期绩效和发展有至关重要的影响[弗洛依德（Floyd）和莱恩（Lane）2000]，然而到目前为止相关的实证研究以及研究结论的一致性都还很缺乏[赖施（Raisch）和伯金肖（Birkinshaw），2008]。阿德勒（Adler）等（1999）发现，在丰田的产品开发和生产过程中，探索性活动和开发性活动同时存在。何（He）和王（Wong）（2004）在组织层面进行的研究发现，探索性创新策略和开发性创新策略存在交互作用，并对销售增长率有积极地影响。而在团队层面（商业部门——business unit）的研究发现，双栖能力与绩效之间有显著的相关关系。卢巴特金（Lubatkin）等（2006）发现，同时具有探索性导向和开发性导向能积极地影响中小企业的绩效。而文卡拉曼（Venkatraman）等（2007）以1005家软件公司为样本的研究则发现，双栖与绩效之间并不存在显著的关系；相反，在探索性和开发性之间进行周期性的转换则对公司绩效有积极的影响。

第六节　已有研究总结

一、已有研究取得的理论进展

本研究是围绕组织创造力的效能机制展开，通过对相关研究领域系统的文献回顾，对于组织创造力的效能机制这一问题而言，这些领域已经取得了大量的研究进展，研究成果为本书提供了较高的理论起点。概括而言，上述研究领域的理论进展主要可以归纳为以下三个方面。

（1）在组织创造力的内涵方面，现有的研究已经从理论上对创造力过程进行了比较详尽的分析和刻画，有关创造力过程的阶段模型以及每个阶段的特征在学界已经基本达成了共识。同时，虽然已有的研究并没有对组织创造力的过程进行具体的分析，但已有许多研究在组织情境中对涉及组织创造力过程的各种影响因素进行了探讨，从而有助于对组织创造力的过程进行更加深刻的理解。

（2）在组织创造力的触发机制方面，有关组织主导逻辑的研究提供了许多有价值的视角和见解。有关组织的主导逻辑，已有的研究对其内涵及功能进行了深刻分析，提供了从主导逻辑到行动特征的研究框架和思路。组织创新导向作为一种特殊的主导逻辑也已经引起了许多学者的关注，有研究已经对其内涵、结构以及功能进行理论分析并提出了构思框架，其他研究也从创新的视角研究了创新导向与其他构念如何交互影响对组织的创新性及绩效产生影响。上述研究有助于更加准确地刻画组织创新导向的内涵及其与组织创造力之间的关系。

（3）在组织创造力的绩效机制方面，组织创造力对于组织绩效提升以及竞争优势获取的重要性已经引起了学界的普遍关注，虽然大多数研究更多地只是简单对这种关系进行了描述，但是已经为我们理解这种新的现象提供了初步的基础和早期的证据。而有关动态能力尤其是基于知识视角的动态能力的研究，对于我们分析组织创造力的绩效机制提供了很大的参考价值。此外，组织创造力作为一种基于目标导向的行动过程，在组织的多重目标任务情境中，不可避免会与其他的目标产生冲突。有关组织双栖的研究对于我们理解并且对这种现象进行深入的研究提供了非常独特的视角。

二、有待进一步研究的问题

综观以往研究，本书认为主要有以下问题值得进一步探索。

（1）组织创造力根源于个人创造力但又不同于个人创造力，它是一个更为复杂和基于多方协调的系统工程。研究者大多使用结果导向的操作定义（新的和有用的想法或产出）以及相应的测量方式，并从大量的视角探讨了组织创造力（组织情境中个体创造力和团队创造力）的影响因素，虽然这些研究在不同程度上丰富了组织创造力的理论成果，拓展了我们在这一领域的研究思路，但这些研究的一个共同特征都在于尚未深入触及组织创造力的特征维度这一问题，因而回答组织创造力如何被触发及其与组织绩效之间的关系到底是什么这一问题在目前的研究中尚无法找到完整和明确的答案。因此，对组织创造力的特征维度进行更加细致和精确的刻画对于该领域研究深入地开展有至关重要的作用。

（2）从行动的视角来看，过去的研究虽然已经涉及了有关创造力行动的研究，但这些研究更多是基于个体层面探讨影响创造力行动的组织情境因素，而没有回答组织创造力行动的驱动因素是什么以及其中具体的机制是什么。组织创造力本质上是属于组织创新的范畴，大量的文献围绕企业创新展开的理论研究，其中可分为三种主要的研究范式：①创新扩散（diffusion of innovation），试图回答创新是如何在空间和时间维度通过不同的企业进行扩散这一问题；②组织创新（organizational innovativeness），试图回答哪些因素影响了组织的创新效果这一问题；③过程视角（process theory），试图回答企业中创新实施展开过程这一问题（沃尔夫（Wolfe），1994）。虽然这些研究让我们对企业创新已经有了比较全面和深刻的认识，然而它们大都聚焦于对创新本身的研究，却忽视了企业本身对创新的一种持续倾向和认知。本研究认为行动往往产生于认知，因此对于上述关于创新认知的探讨有助于更好地理解组织创造力的触发机制，这也是本研究关注的一个核心问题之一。

（3）由于现有研究对组织创造力的内涵还未进行深入的分析，也鲜有文献对其特征维度进行研究，因此有关组织创造力和组织绩效之间的关系更多只是停留在简单的理论分析层面，尚未通过实证的研究方法进行验证，因而对于其中的作用机制也尚不清晰。此外，已有的研究虽然证实了创造力目标对于创造力的积极提升作用，但是在面对对立冲突的目标时，会对组织创造力的结果产生什么影响，目前也鲜有研究进行探讨。本研究认为，回答上述问题对于理解组织创造力的效能作用及其机制至关重要，这也是本研究关注的一个核心问题之一。

第七节　本研究总体构思

一、总体构思框架和拟解决的理论问题

本书的研究问题可以用一句话概括："在创意产业的背景下，企业的创造力活动如何形成和开展，最后又将对企业绩效产生怎样的影响。"依据这一逻辑主线，根据以往的理论基础和本研究所关注的具体研究情境，本书提出总体研究框架如图2-3所示[①]。

整个构思框架以组织创造力行动为基础并聚焦机制刻画，也就是围绕组织创造力活动展开，重点解决其中的三个关键理论问题。

第一，组织创造力的特征维度是什么。当从结果的视角将创造力视为某种产出的特征时，创造力同时具有"新"和"有用"这两种特征，这点已经在学界达成了广泛的共识。现有的大量实证研究也是由这个界定出发，借助问卷或实验的方法来开展有关创造力的研究。而从行动的视角来看，创造力则代表了一种特殊的问题解决过程。此外基于过程视角，对于个体来讲，创造力更多体现了一个

① 虚线方框中的创意产业特征只是作为研究的问题背景，本文不对其作变量关系研究。

围绕认知活动展开的过程，而在组织情境中，组织创造力则更多代表着一种集体的行动特征，因此明确组织创造力的特征维度就非常重要，否则就难以对其影响机制进行量化分析，而只能停留在定性分析的层面。

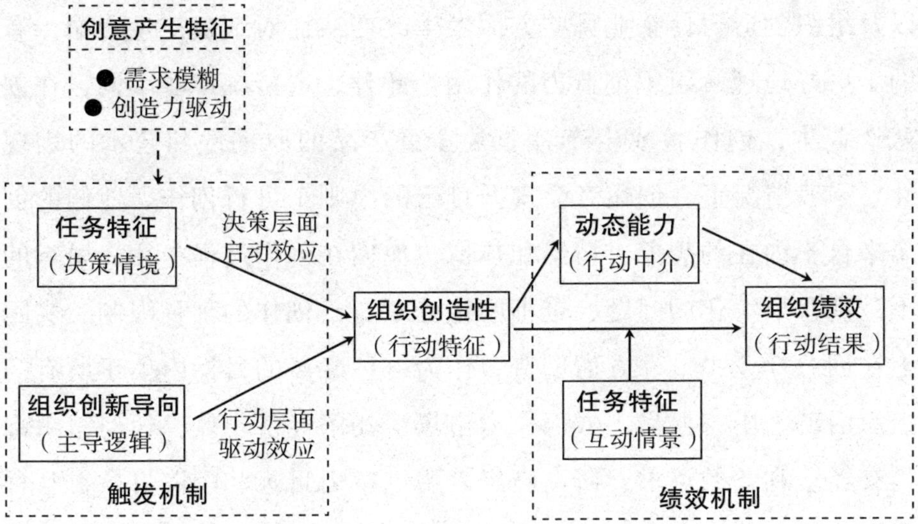

图 2–3 研究整体构思框架图

第二，组织创造力的触发机制是什么。明确组织创造力的触发因素及其触发机制对于理解组织创造力的形成过程至关重要。由于在创意产业，组织创造力活动基本上都是嵌入于新产品或新业务的开发过程之中，因此探讨组织创造力的触发机制就必然会涉及两个方面。面对具体的创意产业特征，首先，在初始阶段企业如何对新产品或新业务的开发策略进行选择，这将在很大程度上决定组织创造力过程是否开展，本书将其称作“启动效应”；其次，在新产品或新业务的开发进程中，是什么因素持续推动着组织创造力活动的开展，本书将其称作“驱动效应”。上述“启动效应”和“驱动效应”

共同构成了本书有关组织创造力触发机制的研究。

第三，组织创造力的绩效机制是什么。对于组织创造力与组织绩效之间关系的现有研究尚处于起步阶段，以单个或多个案例的定性方法或单纯的理论描述为主，假设和猜想居多，定量化的验证较少。因此通过定量化的研究明确组织创造力对于企业绩效的影响，以及组织创造力使企业哪些方面发生改变从而对绩效产生影响，有助于更好地理解组织创造力的作用。此外，与传统产业不同，在创意产业中，创作者或生产者非常注重产品的原创性和艺术的表现性。一般情况下，创作者会遵循自己的原则来进行创作，他们的创意来自于内在的想象、情感和热情，他们在创作过程中往往思考的不是利益最大化的问题，也不愿接受对自己创作的种种限制。实际上在创意产业中，一方面创造力作为一种必然的目标内生于所有的组织活动之中，但另一方面作为市场活动的经济主体，任何组织都具有经济利益的诉求，研究已经表明创造力目标和经济目标在某种程度上存在一定的相互排斥性，在这种情境中如何更加有效地提升创造力水平（结果变量）也是本研究试图回答的一个问题。

二、研究总体设计和技术路线

基于上述研究框架和理论问题，本研究将具体分为以下四个部分进行，分别针对总体研究框架的不同侧面，验证五个命题。

研究一：组织创造力的特征维度构思的开发研究。本研究分为两个子研究。子研究一将采用访谈编码的研究方法对组织创造力特征维度的构思进行深度挖掘。首先通过文献整理和理论推导明确组织创造力的界定概念，然后选择有代表性的创意产业企业进行访谈调研，并采用结构化的内容分析技术对访谈材料进行多级编码和统计分析，从而明晰组织创造力的构成要素。子研究二将会在此基础上开发组织创造力的测度量表，验证组织创造力的特征维度构思，并为后文的量化分析奠定基础。

总体命题1：组织创造力是一个包含了多维度特征的行动过程。

研究二：组织创造力驱动因素的多案例比较研究。对于组织行动的理解需要基于具体的情境特征，而情境特征在很大程度上又影响着组织行动的主导逻辑。组织创造力作为一种行动特征，其背后必然存在着某种主导逻辑在发生作用。因此从逻辑上讲，确组织创造力背后的主导逻辑即驱动因素，有助于对组织创造力的行动特征进行更为深刻的理解。在新的研究问题理论基础薄弱的情况下，首先需要采取定性的研究思路，进行建设性的理论构建。遵循这种建议，本研究将通过案例研究，利用定性数据的丰富细节挖掘企业创造力活动背后的主导逻辑，从而明确组织创造力的驱动因素。

总体命题2：企业的创造力行动背后存在某种主导逻辑，持续推动着创造力活动的开展和进行。

研究三：组织创造力的触发机制研究。本研究分为两个子研究。由于各种研究方法都有其优缺点，因此近年来对理论构思的检验越来越强调采用多元研究方法论，即需要通过定性和定量的不同研究方法来交叉检验同一研究构思，以强化研究结果的鲁棒性。此外前文虽然通过案例研究对组织创造力的驱动因素进行探讨，但对其中的具体机制并未进行细致的说明。因此子研究一将采用问卷研究的方法验证组织创造力的主导逻辑及其行动特征之间的关系，并对其中的具体机制进行分析。

此外，创意产品的消费是主观性的消费，消费者的满意度是个主观的问题，没有人能够准确预测消费者将如何评判新推出的创意产品。凯夫斯在其《创意产业》中，为创意产业归纳了七个特点，其中最主要的特征就在于：创意产品具有需求的模糊性。创意产品重在观念价值和精神需求，对这类产品的市场需求就比较难以预测。子研究二将通过采用决策判断的实验研究范式，试图回答在这种模糊的情境中，什么因素启动了创造力活动的开展。

总体命题3：组织创造力的触发机制同时包括驱动效应和启动效应。

研究四：组织创造力的绩效机制研究。本研究分为两个子研究。由于组织创造力活动在很大程度上是一个与知识密切相关的过程，因此子研究一将借鉴有关基于知识的动态能力的相关研究，通过理论分析和问卷调查的研究方法，探讨组织创造力对组织绩效的影响效应，并对其中的影响机制（中介效应）进行分析。

此外，由于在创意产业企业的创造力活动中，常常不得不同时面对创造力目标和可行性目标这对看似难以调和的目标诉求，因此探讨在这种条件下如何提高创造力水平对于提升组织创造力的绩效产出具有非常重要的意义。因此，子研究二将借鉴有关对立认知框架的相关研究，基于实验研究的范式，以3人团队为研究单位，对上述问题进行探讨。

总体命题4：组织创造力通过影响企业的动态能力从而对绩效产生影响，而对立认知框架在组织创造力对于绩效的影响方面起着非常重要的强化作用。

三、研究框架和具体内容

表 2-1　研究框架和具体内容安排

研究框架	具体研究内容
第一章 绪论和研究问题提出	在分析现实背景和理论背景的基础上，确定研究主题并将其分解为具体的研究问题
第二章 文献综述与分析	在回顾已有研究以及相关理论发展的基础上，分析可以进一步深入或加强的地方，指出本文的努力方向
第三章 组织创造力的 特征维度研究	（1）在分析相关研究的基础上，对组织创造力进行明确的界定，基于实地的企业访谈以及访谈结果进行文本分析，结合理论分析和文本编码，明确组织创造力的特征维度；（2）基于编码研究，开发组织创造力量表
第四章 组织创造力驱动因 素——创新导向研究	在回顾相关研究的基础上，对组织创造力的驱动因素（即组织创新导向）进行理论界定和分析，在此基础上通过多重案例比较的研究方法，识别组织创新导向的具体维度
第五章 组织创造力 的触发机制研究	（1）通过问卷法研究驱动因素（即组织创新导向）与组织创造力之间的具体关系；（2）基于创意产业的任务特征（模糊性），研究启动因素（调节聚焦和损益框架）对创新决策的影响
第六章 组织创造力 的绩效机制研究	（1）明确组织创造力与组织绩效之间存在怎样的关系；（2）探讨组织创造力对于组织绩效的影响机制（转化效应）；（3）基于创意产业的任务特征（对立目标），探讨组织创造力与绩效产出之间的机制（强化效应）
第七章 总结及未来研究展望	本研究的理论进展、研究结论、管理启示、研究局限以及未来的研究展望

第三章　组织创造力构思的探索与开发

研究目的

置身于一个变革的时代，许多学者都强调了组织创造力对于组织创新能力以及竞争优势获取的重要性，然而回顾已有研究可以发现，大多相关研究目前都只是停留在定性的理论描述阶段，缺乏实证研究的支持。究其原因，笔者认为目前最大的制约在于在实证研究中对于创造力的理解使用还比较单一和笼统，因此在这样一种前提下，对组织创造力的特征维度进行更加明确和清晰地界定就显得非常重要。虽然在上一章的研究中对组织创造力的行动特征有所涉及，但更多是聚焦于组织创造力行动背后的主导逻辑，对于组织创造力的刻画过于零散，还缺乏系统整合。

那么在实际的企业创新实践中组织创造力表现为何种形式？从不同的创新实践中是否能够提取共同的组织创造力行动要素？如果不了解组织创造力的具体特征，就难以明确组织创造力如何对企业绩效产生影响，同时仅仅明确组织创造力的特征维度也并不足以回答组织创造力在多大程度上影响了企业绩效以及组织创造力如何被处罚这一问题，这就需要进一步为其开发高质量的测量工具。因此，本研究的主要目的就是：①通过文献分析以及深度访谈来识别组织创造力活动的关键要素；②在此基础上开发相应的组织创造力测量工具，以为后续的实证研究提供支持。

第一节 组织创造力特征维度的理论和访谈研究

由于至今还没有文献对组织创造力的特征维度进行明确分析，识别组织创造力的要素就需要特别谨慎。如果没有理论支持和研究支撑，最后的结论就难免会显得单薄无力。因此，本研究将从以下两个方面来进行：首先，参照已有创造力和创新的相关研究，从过程的视角构建一个组织创造力的理论模型；然后在此基础上，通过现场深度访谈研究来进一步丰富和支持上述结论，从而最终明确组织创造力的特征维度。

一、理论模型建构

在前述的研究回顾中笔者已经指出，结果视角的定义难以深入触及组织创造力的内涵，而过程视角的定义比较清晰地刻画了组织创造力过程中各阶段的特征和组织活动，有助于更加深刻地理解创造力本身的内涵。此外，无论是过程视角还是结果视角都可以从不同的层面（个体—团队—组织）对组织创造力进行理解 [陈（Chen），2006；德拉津（Drazin）等，1999]。同时，组织创造力还具有同构性（isomorphic）特征 [吉尔森（Gilson），2008]，即在个体—团队—组织这三个层面上具有相同的结构，都是指产生某种新的并且有用的想法和结果的过程。基于上述分析，本研究将从过程的视角切入来分析组织创造力的特征维度。

从前述的文献综述中可以发现，虽然不同的学者在对创造力过程中不同阶段的表述有所不同，但本质上可以将创造力过程分为四个主要阶段：问题定义和建构阶段、知识搜集阶段、想法或方案产生阶段、想法或方案的验证阶段 [曼福特（Mumford）等，1991]。本书接下来将对各阶段进行具体的分析。

（一）问题定义阶段

问题构建过程决定了接下来的问题解决过程的情境属性，对创造力方案的产生有非常重要的影响，对问题进行构建是创造力过程的首步。问题构建本质上是一个释意（sense making）的过程 [福特（Ford），1996]。释意过程指通过问题发现和构建过程来实现对问题的识别和对环境的解释。认知图式支配着释意过程，图式通过对信息赋予一定的意义和结构来引导理解和行动（焦亚（Gioia）和西姆斯（Sims），1986）。行动脚本（behavior episodes）在新的行动情境中引导解释和行动，基于共同的行动脚本特征，在面对熟悉的情境甚至是模糊的情境时，过去形成的图式都会引导个体采取习惯性的解释和行动模式 [福特（Ford），1996]。当问题构建过程以这种自动的方式进行时，问题框架就会局限于企业过去的经验和图式表征。研究表明，非常规的解释能够引发创造力行动，而常规的习惯性解释则会激发过去的认知脚本和习惯性的行动模式 [焦亚（Gioia）和普尔（Poole），1984]。

研究表明在认知中存在回溯（backward looking）和前瞻（forward looking）两种过程 [加韦蒂（Gavetti）和莱文塔尔（Levinthal），2000]。前瞻性指通过对环境演变的考量以及对未来市场需求的评估来识别创新机会[坎达普利（Kandampully）和杜迪（Duddy），1999]。创新组织需要基于一个更加长期的时间框架来认知顾客、竞争对手和外部环境，考虑外部环境中可能出现的各种潜在变化、机会和趋势，比如想象还未存在的产品、服务形式[哈梅尔（Hamel）和普拉哈拉德（Prahalad），1994]和考虑未来的市场需求等，只有这样才能增加创新成功的可能性[基切尔（Kitchell），1995]。加韦蒂（Gavetti）和莱文塔尔（Levinthal）（2000）的模拟研究发现，前瞻未来能够帮助组织在更大的范围中探索和发现潜在的适应性措施，这种前瞻性的思维拓展了行动和选择中的可能性，能够帮助决策者更好地避免过去知识所造成的局限。阿克曼（Akman）和伊尔马兹（Yilmaz）（2008）研究证实了前瞻性对企业创新能力有积极显著的影响。

巴萨德（Basadur）和热拉德（Gelade）（2006）指出，适应性能够帮助组织敏锐地觉知各种问题和机会，并努力搜索组织外部的新技术、想法和方法以改进或替换已有的流程，进而开发出新的产品、服务和流程，适应性本质上就是一个组织主动改变过去惯例的过程。基于对过去经历的回溯产生对外来行动的期望，会导致对组织惯例的选择和维持[莱文塔尔（Levinthal）和马奇（March），1993]，这种危险的实践方式已多次被许多学者所提及，如能力陷阱[莱维特（Levitt）和马奇（March），1988]。韦斯特（West）（2002）指出，反思有助于组织摆脱旧思维的约束，通过对原有假设的质疑，为新创意的产生创造条件。戈登（Gordon）（1973）认为创造指使用知识或认识，打破旧的联结，使熟悉的事物变得陌生，从新的视角来认知旧的事物。当一个熟悉的范式（如已经固定的商业流程）被打破时，新的替代流程会让人觉得陌生和不舒服。这是一个忘却学习的过程，即打破已有的联结以及忘掉已有的习惯和信念，其实质就是一个反思的过程。

基于上述分析可以认为，在组织创造力的问题识别阶段，组织需要通过对未来变化和趋势的预测以及过去惯例的突破来实现对问题空间的重新构建。从时间维度上来讲，前者体现了未来导向的拉动效应，本书将其命名为“洞察识别”；而后者体现了过去导向的推动效应，本书将其命名为“惯例反思”。

（二）知识和信息搜集阶段

创新常常并非凭空产生或是无中生有，而更多是来自于对知识要素的重新组合和整合 [哈加登（Hargadon），2002]，企业通过对现有知识和搜索的新知识进行重新整合来实现创新 [科格特（Kogut）和山德尔（Zander），1992]，因此需要不断寻求外部的新思想、见解和专长，然而组织这种获取外部知识的能力会受到自身经历和专长的限制 [纳尔逊（Nelson）和温特（Winter），1982]。随着在某个领域的知识和能力的不断增加，组织的相关知识结构也会逐渐成形并固化 [亨德森（Henderson）和克拉克（Clark），1990]，在很多情况下，由于组织局限于在已有的惯例附近进行搜索，大量的问题空间都难以得到有效地探索和开发，而这些问题空间却常常是创新思想的来源 [厄特巴克（Utterback），1994]。

探索未曾涉及的知识领域有助于组织突破上述困境。异质性的新知识会为组织的问题解决过程带来新的视角 [阿玛贝尔（Amabile），1988]，也会对固化的组织因果认识模式产生冲击，因而组织能够突破现有的知识基础，不断扩大和深化自己的认知理解，从而实现创造力突破，异质性知识的增加会提高产生各种突破性创新的可能性 [弗莱明（Fleming）和瓦格斯帕克（Waguespack），

2007]。

研究表明，知识结构多样性可以使任务过程获得更丰富和新颖的观点和创意，形成更加积极的任务冲突，从而有助于产生更具创造力的产出 [霍维茨（Horwitz）和霍维茨（Horwitz），2007）。多科（Dokko）等（2009] 认为不同的项目成员由于拥有来自不同领域的知识和经验，因而能够从更多差异化的新角度思考问题，从而有助于创造力的提升。基于上述分析，本研究将知识搜集方面的创造力特征命名为“多元吸收”，体现了组织在获取跨界异质的知识方面的相关活动。

（三）新想法产生阶段

多样化的知识输入只有通过有效地整合和重组才能产生创造力的结果。哈加登（Hargadon）（2002）指出，创造力或创新过程实质上就是将知识从现有领域转移到其他领域并进行重新组合。在组织层面，跨职能领域或实践领域的知识共享和整合是组织创新能力的核心要素 [西格瓦（Siguaw）等，2006]。

知识可以分为隐性知识和显性知识两种，显性知识能够比较容易地表述和交流，而隐性知识是高度个人化、难以形式化的知识，很难被模仿和复制。创造新的知识并不仅仅是对客观的信息进行“加工处理”这么简单，而是依赖于开发那些存在于个体头脑中的隐性知识，并将其转化为能够被整个组织所实践和使用的知识 [野中（Nonaka），1996]。人与人的直接交流是利用隐性知识解决问题的最佳方式。隐性知识的交流和共享是激发创造力的重要因素之一。在团队创新的过程中，大量显性知识可以通过各种渠道获得，比如学习、研讨、查阅资料、开交流会等。大量隐性知识是不易获得的，但是隐性知识却对创新起着关键性的作用。

由于团队成员常常具有多样化的认知视角、知识背景和技能水平，因此在任务过程中难免会出现各种冲突。研究发现，在面对非常规以及复杂不确定的工作任务时，任务冲突（task conflict）（指向任务工作本身的争论）有助于产生更高的创造力[耶恩（Jehn），1997]。任务冲突会使得团队成员对任务进行更加深入的审视和思考，通过提高团队学习从而产生更富创造力的见解，然而人际冲突却会增加团队成员的认知负荷从而阻碍创新见解的产生[德德鲁（De Dreu）和温加特（Weingart），2003]。积极的争论有助于推动讨论群体的发散性思维从而更加有利于多样化知识和观点的整合，内梅斯（Nemeth）等（2004）研究发现，当积极的争论和评判得到鼓励和提倡时，就会形成一种更加自由轻松的氛围，减少个体对评判的担忧，从而产生更高的创造力产出。本研究以“互动激发”来表述创意产生阶段的组织创造力要素特征。

（四）新想法评估阶段

在传统的“手段—目标”计划模型中，创造力被视为一种认知性的信息加工活动，而创造力除了认知要素，还有另外一个要素：行动。行动要素主要指进行实验以及按不同的方式来做事情，行动是创造力的源泉。在前文综述中本书提到的学习的认知解释观以及机会创造观都不约而同强调了行动的重要性。从行动中获得的经验是知识创新和竞争优势的重要来源[沃尔库姆（Woerkum）等，2007]。行动导向的决策观点，认为创业决策的特点在于持续的试错行动，这种行动不是来自某种清晰目标的引导，而是来自模糊愿景的推动和调整，只能从事后认识中把握其演进路径[莎拉斯瓦蒂（Sarasvathy），2007]。

Crossan（1999）学习模型指出行为要素在知识创造活动中也起

到非常重要的作用，并且这些行为主要表现为试验活动，如积极进行新产品的研发、积极尝试新的营销策略、让潜在消费者体验新产品等。试验活动可以帮助组织检验当前想法的正确性，是探索式学习在组织行动上的表现。试验活动的结果可以增加组织对各种备选行动方案的了解，增强对未知环境的认识，丰富组织知识。行动实验是创新过程中非常重要的一个要素，所有的创新产品都是来自于最初的观念和创意，而这些观念和创意只有在经过反复的实验和修正后才能最终形成能够进入市场的产品。实验本质上是一个试误学习的过程，实验为新产品开发提供了许多经验性的信息和知识，能够帮助企业了解目前的产品特征在哪些方面还无法满足市场需求以及在下一轮的产品开发中如何改进 [汤姆克（Thomke），2001]。本书以“行动尝试”来表述新想法产生阶段的组织创造力要素特征。

（五）组织创造力要素模型

基于上述从问题解决视角对组织创造力的分析，本书将组织创造力定义为一种组织的在创造力活动中所表现出来的行动特征，并提出如图3–1所示的组织创造力要素模型。其中“洞察识别”和“惯例反思”这两个要素反映了问题解决过程的“问题建构”阶段，“多元吸收”和“互动激发”则反映了“问题解决”阶段，“行动尝试”则反映了“反馈调整”阶段。值得一提的是，将组织创造力抽象为一个问题解决过程只是为了理论描述和理解上的方便，为了深入了解组织创造力的这一内涵，还有几点必须强调：

（1）创造力本来是用来描述个体的认知和行动过程，组织的创造力实际是一种隐喻，是用人的认知和行动来比喻组织的认知和行动；

（2）组织成员是组织创造力的基本主体，即组织要有创造力，首先需要组织成员具有创造力，组织的创造力活动只能通过个体的创造力活动来完成。但个体创造力并不是组织创造力的充分条件，个体创造力只有在组织情境中通过与其他组织成员进行互动整合来产生创造力合力，才能形成组织创造力。因此，组织创造力是描述组织作为一个整体的集体（collective）行动特征；

（3）组织创造力的各要素之间并非严格按照顺序推进的方式递进，相反在整个创造力活动中组织会在各要素之间不断进行转换，直至最后产生创造力的方案或产出。

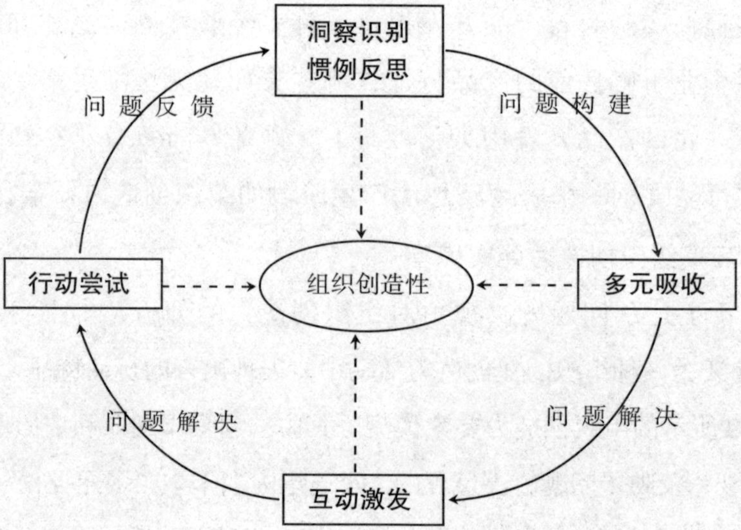

图 3-1 组织创造力要素模型

二、研究设计

1. 研究方法

在上一节中，作者从文献和理论分析的角度对组织创造力的要素进行了初步探讨。在本节中，将在上述理论分析的基础上，通过实地的访谈研究，来进一步挖掘和佐证组织创造力的要素。访谈法与其他方法相比更加有利于建立主客双方的融洽关系，使访谈对象能够坦率直言，因此有利于捕捉和了解新的或深一层次的信息（王重鸣，1998）。

考虑到研究主题的独特性和创新性，本研究的访谈采用了半结构化的方式，即事先确定访谈提纲但并不限定答案的范围。访谈提纲包括一个简短的研究背景介绍和五个开放式的话题，主要探讨企业创造力活动的本质特征和表现形式。由于创造力活动本质上是反映了企业的新产品开发或新业务的创建过程，因此在访谈过程中，首先要求访谈对象提供新产品开发或新业务创建和发展过程中生动的关键事件，然后将访谈的结果完整记录下来，并对这些案例进行内容编码分析，最后加以总结提炼。

2. 访谈提纲设计

访谈聚焦于企业创新过程中的创造力活动，主要围绕以下五个方面展开：

（1）请您简单介绍贵公司主要的发展思路和价值理念（侧重于创新角度）；

（2）请您简单介绍贵公司从创立到现在所创建的主要的新业务或新产品及营运情况；

（3）请您介绍贵公司某项新业务的成长历程以及采取的创新活动（不限于以下方面）：

新业务或新产品的开发过程中创新主要体现在哪些方面？

贵公司为什么要开展这项业务？

当时是如何发现这项新业务或产品机会的？

在创新模式的选择方面，当时是怎么考虑的？

新业务发展中碰到的关键问题和经历的一些关键阶段，以及如何处理这些问题的？

为了推进创新采取了哪些措施，举例说明？比如如何激发员工的创造力？

如何保证新产品或业务的可行性？

（4）您认为贵公司新业务的成功取决哪些因素？列举一些关键事例说明。

（5）请问贵企业所处行业的市场环境的变化和竞争情况怎么样，对公司的创新策略有什么影响？

第一个问题主要了解公司的整体情况以及初步了解公司对创新的价值取向；

第二个问题具体了解公司主要的创新情况和内容；

第三个问题则通过具体的关键事件，深入了解创新活动的开展过程，以及这个过程中的组织创造力策略的使用；

第四个问题主要是进一步深入剖析组织创新过程的影响因素，与第三个问题相互补充；

第五个问题旨在了解组织新业务发展中所面对的行业、市场、以及竞争环境，以加深对第三个和第四个问题答案的理解。

访谈时间一般在1.5个小时左右。这样，通过围绕创新过程中的组织创造力活动和策略问题进行深度访谈，获取了第一手深层次的相关资料。征得被访者的同意，对访谈过程进行了录音。访谈结束后，本研究收集了该公司的一些相关资料，作为访谈资料的补充。并通过相关网站获取了被访企业的更多信息。为了尽可能完善地保留访谈中的信息，一般在访谈结束的当天就把访谈录音整理成文稿。

3. 访谈对象

本研究的研究对象为创意产业中的商业企业，在前面的分析中作者曾提到，由于创意产业目前的外延还非常广泛，没有办法也没有必要同时涉及这些行业。因此，本研究在取样的时候，也是着重选择那些更具代表性的企业来开展访谈。由于研究者本身资源的有限性，访谈对象以方便样本为主，但仍然尽可能选择从事不同业务的企业参与其中。本研究最后选取了江苏和上海等地的10家企业进行了访谈。调查企业涉及的行业主要包括动漫、广告、设计、游戏、创意活动策划和影视剧策划这6个行业，访谈对象均为公司创始人或熟悉公司情况的中高层管理者，以确保选出的访谈对象对新业务创建和成长的全过程有清晰地了解。访谈样本具体情况见表3-1。

表3-1 访谈企业的基本信息

序号	企业名称	所属行业	新建业务	访谈对象
1	ORDM公司	动漫动画	动画作品创作和制作、动漫馆开发和运营	副总经理
2	JDCY公司	创意活动策划	休闲龙舟赛活动	总经理
3	AJQC公司	汽车设计	赛车设计和电动车设计	副总经理
4	KDHB公司	电视媒介经营管理咨询和电视剧服务咨询	电视剧评测服务	市场总监 策划总监
5	MTGG公司	广告策划	广告策划案例	策划总监
6	WNDZ公司	游戏开发	网络游戏、虚拟商务平台	项目总监 项目经理
7	YLWL公司	游戏开发	网页游戏开发	总经理
8	JYWL公司	游戏运营开发	互动娱乐社区	策划总监
9	TRAD公司	动漫动画	动画作品	总经理助理 策划总监
10	SMSZ公司	动漫动画	原创动画	项目经理

三、访谈研究

（一）编码方案

本研究采用内容分析技术对深度访谈获取的资料进行分析。内容分析是一种定性研究技术，它运用一套程序对信息进行分类以能够得出有效推论。编码是内容分析的核心环节，建立规范分析类目是成功实施内容分析的关键，合理的编码分类系统反映了严谨的研究理论基础[卡萨尔简（Kassarjian），1977]。建立分析类目的方式主要有两种。一种是数据驱动的初始编码法，这种方法是在对数据材料初步分析的基础上建立分析类目；另一种是理论驱动的编码，在基于研究问题和相关理论的基础上，在数据收集之前提前建立分析类目[威默（Wimmer）和多米尼克（Dominick），2007]。本研究采用第二种方法，根据理论推导和研究假设建立了编码分类系统，包括五个类目，分别是洞察识别、惯例反思、多元吸收、互动激发和行动尝试，并对每个子类进行了明确定义。在量化分析方面，本研究采用定量的语义内容分析方法，以预先建立的组织创造力要素类别为依据，以具有相对完整情景的句子为最小分析单元，对访谈获取的新产品开发或新业务创建活动的访谈材料进行分析，全面捕捉新业务创建或新产品开发过程中的组织创造力活动信息，并加以详细编码，最后总结出组织创造力活动要素的归类。以往运用内容分析技术的研究多采用大于或等于2人的编码方案（丁岳枫，2006），因此在本研究采用了较常用的3人编码方案，由两名专业人士（企业管理专业熟悉组织创新研究的两名博士生）和一名熟悉该研究领域的高校老师进行编码，要求编码者判断每个分析单元属于哪种组织创造力要素。在编码前，对编码人员进行了培训，并进行了预编码。

（二）建立编码要素表

在内容分析过程中，关键一环是首先需要通过编码分类系统和要素编码表的构建来确立识别和编码内容特征的明细规则。基于前述的理论分析，本研究建立了编码分类系统如表3-2所示。此外，内容分析技术强调在编码前，研究者应制定清晰统一的编码规则的重要性。一个简洁和可操作的编码表是保证内容分析信度和效度的关键因素 [因什（Insch）等，1997]。因此在完成编码分类的基础上，本研究进一步建立了清晰且可操作的编码表，从洞察识别、惯例反思、多元吸收、互动激发和行动尝试这五个方面来分析组织的创造力活动，并给出了组织创造力活动特征的每个维度的操作定义（见表3-3）。

表 3-2　组织创造力活动编码分类系统

类别	内涵
洞察识别	通过各种渠道搜集行业的趋势发展信息，对未来的技术发展和价值提供模式进行前瞻性和想象性的构建，并通过细致的社会观察和借助相关研究资料挖掘市场的潜在需求，从而帮助企业发现和识别新的问题或机会
惯例反思	在新业务或新产品的开发过程中，对本行业的传统假设、常规的商业模式、市场的普遍做法、消费者的习惯行为以及企业自身的经营模式和惯常做法等方面进行分析和反思，从而产生对已有问题的新的理解或找到新的机会
多元吸收	强调企业在新业务或新产品的开发过程中，通过各种渠道开放性地吸收各种知识和创意，尤其是跨越自己所处行业或现有模式的边界去搜寻知识创意，并且通过布局多样化的人力资源结构来激发和产生更多的创新灵感
互动激发	指在组织内部创建开放的氛围，鼓励全体员工之间大胆争论、分享知识和经验教训。除了组织正式的头脑风暴等讨论会议，还鼓励公司员工在非正式场合也能够大胆地寻求他人的帮助并积极响应他人的求助，从而促进显性和隐性知识的有效转移和整合
行动尝试	指组织勇于探索、勇于行动，积极尝试新的方案、策略，积极承担行动中的风险。并愿意在行为结果的基础上，对以往的假设和今后行动进行调整。强调组织不断尝试错误，在行动中寻求更好策略，不断调整先前假设，从经验中进行学习的活动

表 3-3 组织创造力要素编码表

洞察识别
● 通过各种方式获取和识别目标客户的潜在或未来需求
● 关注相关技术的发展趋势，从中识别新的机会
● 进行前瞻性的想象和规划
● 探索产业新的发展方向和市场发展趋势
惯例反思
● 观察并反思目标消费者的行为惯例
● 搜集并反思为客户创造价值的商业惯例
● 重新思考市场对于产品特性认识的惯常视角
● 不断对自己的经营方式进行反思和修正
● 重新思考过去对市场的假设和认识
多元吸收
● 为新业务或新产品开发项目配置不同知识背景的成员
● 通过各种外部网络和人员来搜集多样化的知识和想法
● 与相关企业、大学等进行接触交流，以搜集新的知识和想法
● 从其它行业或领域中获取新的知识和想法
● 吸纳具有不同知识背景的人才到公司工作
互动激发
● 鼓励员工间和部门间就新观点和新想法进行积极的讨论
● 鼓励员工大胆提出新想法并与他人讨论
● 鼓励员工之间交流不同的观点和看法
● 公司为方便员工及时分享经验和新想法创造条件
● 通过与客户或消费者的互动产生新的想法
行动尝试
● 公司提供足够的时间和自由开展各项实验
● 公司在新项目上进行大胆尝试，计划能够很快付诸于行动
● 公司经常实验新的工作方式、产品和服务，在尝试中寻求更好策略
● 公司观察和分析新项目运作情况，对不合适的策略迅速调整

四、研究结果

（一）编码内容节选

（1）洞察识别

我们从2008年开始和网络视频合作……我们会去真正研究互联网受众的需求和喜好……经过了这么多年的数据和经验积累，现在我们更加有把握去分析网络受众从而更好地了解他们的需求，因此我们能够更加明确地知道哪些题材和内容是观众想看的……这也是为什么我们更多集中在家庭、情感和偶像等方面的原因。

现在大型游戏遇到的一个问题就是越来越多的人不懂90后了……90后更少坐在电脑前，更多使用移动终端，人际交往也在改变，我们公司的产品被称为"脑残"，因为我们会跟踪90后用户群体的使用习惯……这样的统计结果能让我们更好地了解这个群体，以及他们的社会网络，从而了解我们这个游戏应该怎么进行推广。

（2）惯例反思

我们有一个暑期传播活动，希望通过真实的见面把人与人之间真实的感情建立起来，而不是网上冷冰冰的数字ID和ID之间的交流，因为我们发现，大学生暑期有很多空间和时间，但他们非常宅……虽然总说希望能与朋友经常沟通和玩，但当有互联网这种便利的沟通方式出现后，其实就很少去和朋友之间建立真正的沟通。

体育比赛和龙舟赛都很多了，那我们怎么和别人不一样，我们发现，大多都是民间不标准的，我们第一次用了国际标准的小龙舟，而且请了国际裁判和专业人员来把握这个活动……而且我们把龙舟赛当作一个嘉年华，作为端午节的最高潮，而非一个比赛，我们的点在于"趣"和"乐"，把它当作一个"创意体育"和"公益事业"来做。

（3）多元吸收

心理学对我们是一个非常好的支持，只有更好地了解消费者，我们才能创造出更多打动他们的作品，因此我们也在尝试和高校的心理系去做一些合作……不过我们其实更喜欢和社会学研究结合，因为它是真真正正去了解人，了解不同文化背景下的人的价值观和动机，这对我们的帮助和启发意义更大。

因为每个动画角色面临的问题都不一样，所以要汇聚大量的素材来进行改造，首先要摒除掉可能和别人产生类似点的地方，然后根据留下来的再进行丰富……而且我们的创新不能局限于动画界，比如今年在时装界撞色非常流行，我们就把这种元素借鉴到我们的衍生品开发上，结果就广受目标受众的喜爱。

（4）互动激发

我们整个研发部门全部在一起，也就是程序、美工和策划是全部都在一个办公室的，这样交流起来就更为方便和快捷，也更有利于随时新想法的碰撞……创意部门、策略部门和客户部门经常坐在一起讨论，由客户部门协调，策略部门提供方向的把关，创意部门来给出内容。

我们办公室的整个布局和设置在员工的座位之间是没有格子的，这样更加有利于沟通和形成融洽的氛围，而且我们还有专门的咖啡间，里面有宽松的沙发，每个人都可以去那里休息聊天，那里是一个很好的互动和非正式交流的场所……我们平时周五都会一起去桌游，别人看来是偷懒，其实更多是一个互相沟通和交流的过程。

（5）行动尝试

我们很多项目都是在不断的尝试中逐渐成形和发展起来的，当初我们刚开始去评估一个剧到底好不好的时候，就是几个人讨论着做了一个程序，然后到电视台去推，因为我们有这个资源，所以电视台也愿意让我们去尝试，并且给出了很多反馈……经过很多轮的修改，最后我们这个系统在电视台就推行得很不错。

由于游戏这个行业市场发展速度太快，我们根本就不可能想得很好然后再去开发新游戏，开发过程本身必然是一个不断试误的过程……我们会在保留80%不变的情况下，改动20%去试，如果修改的20%没有产生更多点击，就说明改动不好，要立即去掉……甚至有时候，我们会沿用心理学的实验方式，同时发出两个版本来进行比对。

（二）编码结果分析

在对访谈记录进行初步整理后，研究者根据研究问题和理论分析，在访谈材料中提取了79个能够体现组织创造力特征的编码单元，这些编码单元都是具有相对独立且完整信息的语句，研究者对选定的语句作了下划线标注。在编码过程中，编码者需要首先熟悉编码表和阅读编码材料，然后对选定的语句进行编码，根据类别互斥性原则，每个编码单元有且仅有一个类别可供归属。在编码完成以后，本研究计算了三位编码者之间的一致性系数。

1. 编码信度检验

内容分析的信度一般可以通过计算编码者一致性程度得出，编码一致性程度在0.80上为可接受水平，在0.90上为较好水平[波斯（Bos）和塔尔尼（Tarnai），1999]。本研究运用数学中的集合原理，用三个编码者在各个类别上编码结果的“交集’，分别除以各个类别上编码结果的“并集”。若用Tl表示编码者A的编码个数，T2表示编码者B的编码个数，T3表示编码者C的编码个数，Tl ∩ T2 ∩ T3表示三个编码者编码归类的相同的个数（交集），T1UT2UT3表示三个编码者各自编码个数的并集，则计算公式为（丁岳枫，2006）：

$$CA=\frac{T1\cap T2\cap T3}{T1\cup T2\cup T3}$$

通过计算，得出的结果如表3–4所示。

表3–4　组织创造力活动要素编码者一致性程度

内容类别	编码的一致性程度
洞察识别	0.81
惯例反思	0.80
多元吸收	0.78

续表

内容类别	编码的一致性程度
互动激发	0.83
行动尝试	0.92

2. 编码效度检验

内容效度的评定主要通过经验判断进行，一般是请一些熟悉该测量内容的人员来评判，以确定测量项目与需测量内容范畴之间关系的密切程度。内容效度评定的一个常用指标是“内容效度比率”（Content Validity Ratio，简称 CVR），它的计算公式为（丁岳枫，2006）：

$$CVR = \frac{ne - N/2}{N/2}$$

式中 ne 为评判中认为某项目很好地表示了测量内容范畴的评判者人数；N 为评判者的总人数。这个公式表明，当认为项目内容适当的评判者不到半数时，CVR 为负值，如果所有人认为内容不当时，CVR=-1.00；当认为项目合适和不合适的人数对半时，CVR 值为零；而当所有评判者认为项目内容很好时，CVR=1.00（王重鸣，1998）。为了检验本研究中各分析单元在多大程度上表示了组织创造力的范畴，本研究分别计算了三位编码者对79个分析单元编码结果的 CVR 值。结果显示，有67个分析单元的 CVR=1.00；12个分析单元的 CVR=0.33。由此可见，本研究的编码结果具有可接受的内容效度。

3. 编码结果的描述性统计分析

通过编码，本研究寻找编码表中提及的组织创造力活动要素在创业活动中发生的频次。结果发现，惯例反思出现的频次最高，其次为多元吸收和洞察识别，最后分别为行动尝试和互动激发。各类组织创造力要素出现的频次及其占所有组织创造力要素出现的总频次的百分比具体如表3–5。

表3–5　各类组织创造力要素的频次及其占总频次的百分比

子类	频次	频率
洞察识别	48	20.25%
惯例反思	60	25.32%
多元吸收	54	22.78%
互动激发	36	15.19%
行动尝试	39	16.46%

五、研究小结

在本节的研究中，本书在基于理论探讨的基础上进一步通过访谈研究的方式对组织创造力的特征维度进行了分析，发现组织创造力是一个由“洞察识别”“惯例反思”“多元吸收”“互动激发”以及“行动尝试”五种行动要素所组成的过程。本书将在下一节中基于定量的实证研究来对这一研究结果进行验证。

第二节　组织创造力构思验证性研究

本书在上面的章节中通过理论推导和访谈编码研究，初步明确了组织创造力过程的结构维度，使得对于组织创造力内涵和关键特征有了较为清晰地认识。然而，由于各种研究方法都有其优缺点，因此近年来对理论构思的检验越来越强调采用多元研究方法论（multiple methodologies），即需要通过定型和定量的不同研究方法来交叉检验同一研究构思，以强化研究结果的稳健性（robustness）（陈晓萍等，2008）。要进一步明确组织创造力的维度，就还需要通过大样本的问卷研究来进行定量分析，以明确访谈的结果是否稳定。因此，本研究的目的是借助前人已有的量表以及访谈的内容的基础上，进一步开发组织创造力的测量工具，通过大样本数据对多维结构进行效度和信度的检验，从而验证组织创造力的多维模型，并未后面的研究奠定基础。

一、研究方法

（一）研究样本

本研究采用问卷量表的方式进行数据采集，为了从源头上保证数据的质量，以及满足研究目的的需要，有必要建立适当的取样标准，尽量控制研究主题意外因素的干扰。本文是聚焦于创意产业来研究企业的组织创造力特征，基于这一研究主题，在样本的选择上，本研究主要进行了以下两个方面的考虑。①由于创意产业本身内涵的丰富性和外延的广泛性，关于创意产业的分类至今也没有统一的体系。概括讲，创意产业大致包括三个部分的内容：一是通常所指的文化及相关产业；二是与通讯和网络相关的软件、游戏、动漫等内容产业；三是与传统产业相关的各类设计、咨询策划等产业，包括工业设计、建筑设计和会展策划等内容（厉无畏，2006）。由于文化产业更多与传统的非盈利组织形式联系更加紧密，而后两者则更多代表了与市场经济活动参与主体，因此本文更加偏重在后两种进行样本选取；②由于本研究的焦点问题是组织的创造力活动，而属于创意产业的企业基本都是基于项目制的业务运作模式，组织创造力活动更多体现在项目运作之中，考虑到问题的特殊性，因此调查都是请全程参与了多个项目并对整个项目历程都非常熟悉的主管或资深员工来回答问卷。

（二）数据搜集程序

问卷设计完毕后，采用两种方式来收集数据。一种是采用关键被调查人的技术。研究者找到一些联系人（主要是在创意产业园区工作的朋友以及认识创意产业相关企业的同学，其他还有一些零散的联系人），通过这些联系人与企业的广泛联系，由这些联系人将问卷以纸质、电子邮件或网上问卷（链接）的形式发放给相关企业的被调查者。另一种方式是作者直接与企业联系，到企业现场或在访谈结束后请企业相关人员当场填写问卷。

本研究的取样主要分为两个阶段。第一阶段的调研样本主要来自于上海和苏州两地。共发放企业51家，每家企业发放3 ~ 5份问卷，共发放160份问卷。最后从51家企业获取了共计117份问卷，在剔除了空白、关键数据缺失、填答不认真（如所有题项同一选项或答案呈现"Z"行排列等）的问卷后，共获得有效问卷97份。其中，有7家企业完成了5份有效问卷，3家企业完成了4份有效问卷，2家企业完成了3份有效问卷，5家企业完成了2份有效问卷，34家企业完成了1份有效问卷。样本的基本信息如表3-6所示。

为了对第一阶段探索性因素分析得到的结果进行进一步验证，本研究进行了第二阶段的调研取样。在第二阶段的调研过程中，研究者进一步扩大了调研的范围，除了上海和江苏地区外，还在四川、广东和北京等地方进行了取样。由于基本借助各种朋友关系进行问卷发放，发放和控制难度较大，因此研究者要求每家企业至少完成一份问卷，且须由全程参与了公司多个项目并对整个项目历程都非常熟悉的资深管理者来进行填写。共计发放130份问卷，经筛查后共计回收有效问卷89份。样本信息详见表3-7。

表3-6　样本基本信息：第一阶段取样

指标	类别	频次	百分比
成立时间	3年以内	12	23.5%
	3 ~ 5年	12	23.5%
	5 ~ 10年	25	49.0%
	10年以上	2	4.0%
主要业务	动画 / 动漫 / 影视	13	25.5%
	游戏	19	37.3%
	软件	5	9.8%
	传播 / 策划 / 咨询	10	19.6%
	设计	2	3.9%
	其他	2	3.9%
人员规模	1 ~ 50人	12	23.5%
	50 ~ 100人	19	37.3%
	100 ~ 500人	17	33.3%
	500人以上	3	5.9%
企业性质	国有	5	9.8%
	民营	37	72.5%
	外资 / 合资	9	17.7%

表 3-7　样本基本信息：第二阶段取样

指标	类别	频次	百分比
成立时间	3 年以内	16	18.0%
	3 ~ 5 年	30	33.7%
	5 ~ 10 年	36	40.4%
	10 年以上	7	7.9%
主要业务	动画 / 动漫 / 影视	23	25.8%
	游戏	29	32.6%
	软件	11	12.4%
	传播 / 策划 / 咨询	15	16.9%
	设计	9	10.1%
	其他	2	2.2%
人员规模	1 ~ 50 人	11	12.4%
	50 ~ 100 人	41	46.1%
	100 ~ 500 人	32	36.0%
	500 人以上	5	5.5%
企业性质	国有	7	7.9%
	民营	70	79%
	外资 / 合资	12	13.1%

二、研究测量

由于过去研究对组织创造力特征的构思模型尚未形成一个统一的、权威的认识，也鲜有文献组织的创造力进行界定和测量，本研究所提出的组织创造力过程模型难以直接套用现有的成熟量表来进行测量。因此，本研究首先在理论构思和以往与组织创造力内在特征相关的成熟量表的基础之上，然后结合前文关键事件和访谈编码的研究结果，开发组织创造力的测量工具。

在测量工具的开发上，研究者依据王重鸣（1990）提出的心理测量工具开发步骤，并重点把握三个方面：①测量工具包含整个理论概念的构思域；②测量问卷的题项是对客观行为的描述，尽量避免有社会称许性的提法，且测量题项应直观，易于理解；③测量工具应简洁明了，尽量减少被调查者的认知负荷。本研究的原始题项主要有两个来源，一是以往学者的研究中与组织创造力的特征有关的描述或测量题项；二是基于访谈研究的结果，编制了初步的题项。

为了提高量表的构思效度，研究者邀请了一位具有管理学背景和一位具有心理学背景并参与过量表开发的博士对原始题项进行了充分的讨论和修改，修改了题项中语义不清或重复的词语，对相应的翻译和表达进行了修改，并剔除了那些不能表现组织创造力特征内涵的题项，最终形成了初步的组织创造力量表，如表3-8所示。

表 3-8 组织创造力的初步量表来源说明

组织创造力测量题项	来源
我们经常思考当前市场用户的未来需求	纳弗（Narver）等，2000
我们经常思考新技术未来可能产生的影响	访谈提炼
我们注重进行前瞻性的考虑	改编自科利（Kohli）等，1993
我们经常思考行业未来的发展趋势	基切尔（Kitchell），1995
我们会反思对客户偏好的常规认识以发现新思路	访谈提炼
我们会反思过去的开发策略和方式	贝克（贝克（Baker））和辛库拉（Sinklua），1999
我们会反思行业的常规做法以发现新思路	访谈提炼
我们会反思对产品特性的常规认识以发现新思路	访谈提炼
我们从其他产业领域获取多样化的想法和启示	改编自斯泰西（Stacey），2004

续表

组织创造力测量题项	来源
我们通过各种外部网络获取多样化的想法和启示	乔奎因（Joaquin）和里卡多（Ricardo）, 2008
我们会吸纳具有不同知识背景的员工到公司工作	访谈提炼
我们为新业务 / 产品项目配置有不同知识的成员	访谈提炼
公司员工会大胆提出自己的新想法并与他人讨论	伊萨克森（Isaksen）和埃克瓦尔（Ekvall）, 2010
公司员工在工作讨论中会进行积极的争论	伊萨克森（Isaksen）和埃克瓦尔（Ekvall）, 2010
公司员工在工作讨论中会积极寻求不同的看法	访谈提炼
公司员工经常讨论新观点和新方法	（吴治国，2008）
我们在不断的尝试中寻求更好策略	访谈提炼
公司提供足够的时间和自由开展各项实验	访谈提炼
我们在新项目上进行大胆尝试，计划能很快付诸于行动	丁岳枫，2006
我们的新产品开发策略会根据实际结果的反馈不断调整	改编自丁岳枫，2006

三、研究结果

1. 组织创造力量表探索性因素分析

在分析之前，首先对样本数据进行了KMO样本充分性和Bartlett球形检验。KMO在0.9以上表示非常适合；0.8 ~ 0.9表明很适合；0.7 ~ 0.8为适合；0.6 ~ 0.7表示不太适合；0.6以下认为变量间存在正交，因此不适合进行因素分析（王重鸣，1990）。分析结果表明，本次取样的KMO值为0.788，同时Bartlett球体检验的显著性水平小于0.01，表明适合进行因素分析。

本研究的探索性因素分析采用了主成分法提取因素，使用正交转轴（Varimax）方法。因素个数采用凯泽（Kaeser）标准，即选择特征值大于1的因素。探索性因素分析结果如表3-9所示。从组织创造力特征的20个题项中抽取5个因素，这些因素累计解释了65.51%的变异。由于在所有因子上的荷重均低于0.5，因此删除题项6、题项12和题项18。最终的组织创造力特征量表保留了17个题项，分别归属于5个因素。

表3-9 组织创造力特征探索性因素分析

组织创造力测量题项	F1	F2	F3	F4	F5
我们经常思考当前市场用户的未来需求	.787	.038	.093	.215	.215
我们经常思考新技术未来可能产生的影响	.780	.167	.084	.222	.147
我们注重进行前瞻性的考虑	.870	.130	.163	.123	.022
我们经常思考行业未来的发展趋势	.763	.019	.143	.225	.059
我们会反思对客户偏好的常规认识以发现新思路	.334	.109	.140	.721	.103
我们会反思过去的开发策略和方式	.220	.289	.472	.085	−.111
我们会反思行业的常规做法以发现新思路	.297	.049	.383	.703	−.048
我们会反思对产品特性的常规认识以发现新思路	.073	.160	.001	.745	.123
我们从其他产业领域获取多样化的想法和启示	.057	.260	.177	.329	.698
我们通过各种外部网络获取多样化的想法和启示	.280	.011	.427	−.043	.652
我们会吸纳具有不同知识背景的员工到公司工作	.054	.175	.207	.095	.857
我们为新业务/产品项目配置有不同知识的成员	.268	.008	−.054	.398	.205
公司员工会大胆提出自己的新想法并与他人讨论	.184	.664	−.044	−.025	.278
公司员工在工作讨论中会进行积极的争论	.001	.723	.101	.186	.155
公司员工在工作讨论中会积极寻求不同的看法	.119	.727	.371	.158	.008
公司员工经常讨论新观点和新方法	.037	.882	.151	.045	.044
我们在不断的尝试中寻求更好策略	.242	.108	.672	−.231	.338
公司提供足够的时间和自由开展各项实验	.177	.085	−.083	.295	.343

续表

组织创造力测量题项	F1	F2	F3	F4	F5
我们在新项目上进行大胆尝试，计划能很快付诸于行动	.168	.109	.677	.230	.299
我们的新产品开发策略会根据实际结果的反馈不断调整	-.048	.141	.852	.130	.150
α 系数	.88	.80	.77	.75	.78
变异解释量（%）	13.91	13.00	14.86	11.21	12.53

根据各个因素中测量题项的内容，作者将这些因素命名为：F1-洞察识别，指通过各种渠道搜集行业趋势和相关技术的发展信息，并通过细致的观察和借助相关研究资料等手段识别目标客户的潜在或未来需求，从而帮助企业发现和识别新的问题或机会，其解释了总体变异的13.91%；F2-互动激发，指在组织内部创建开放的氛围，打破结构局限，鼓励员工进行知识和经验的分享，积极并大胆与他人讨论新的想法和观点，通过不断的互动和激荡产生创新思想，其解释了总体变异的13.00%；F3-行动尝试，指组织勇于行动和积极尝试新的方案和策略，在行动中寻求更好策略，并愿意在行为结果的基础上，对以往的假设和今后行动进行调整，从经验中进行学习，其解释了总体变异的14.86%；F4-惯例反思，指在新业务或新产品的开发过程中，对本行业的传统假设、常规的商业模式、市场的普遍做法、消费者的习惯行为以及企业自身的经营模式和惯常做法等方面进行分析和反思，从而产生对已有问题的新的理解或找到新的机会，其解释了总体变异的11.21%；F5-多元吸收，强调企业在新业务或新产品的开发过程中，通过各种渠道开放性的吸收各种知识和创意，尤其是跨越自己产业或现有模式的边界去搜寻知识创意，

并且通过布局多样化的人力资源结构来激发和产生更多的创新灵感，其解释了总体变异的12.53%。本研究的结果与前文的理论分析和访谈研究一致。此外，从信度分析的结果可以发现，组织创造力特征问卷具有较高的信度，因此组织创造力特征的构思得到了初步验证。

根据探索性因素分析的结果，本研究进一步对组织创造力特征的各个维度进行了描述统计。如表3-10所示，从表中可以看出，组织创造力各维度之间都存在显著相关，但相关系数都在0.60以下，因此可以认为维度之间的共同变异问题不明显，可以对其进行深入分析。

表 3-10　组织创造力特征探索性分析描述统计

变量维度	平均值	标准差	aa	ba	ca	da
aa 洞察识别	5.46	0.874				
ba 惯例反思	5.16	0.921	.513**			
ca 多元吸收	4.96	1.015	.357**	.341**		
da 互动激发	5.02	0.970	.264**	.306**	.371**	
ea 行动尝试	4.73	1.012	.336**	.315**	.576**	.383**

*= P <.05，**= P <.01，相关系数基于双尾检验

2. 组织创造力量表验证性因素分析

通过探索性分析得出组织创造力的5个要素需要经过进一步的验证性分析加以证实。在探索性因素分析的分析过程中，研究者需要对坐标轴旋转方法、因素提供数量、题项删减等作出主观判断，属于数据驱动的研究范式，未知构思结构时具有优势；而验证性因素分析则需要基于理论构思，为假设模型提供有意义的检验和拟合指标，因此其结果更多是通过理论驱动（孟晓斌，2008）。为了进一步检验组织知识共享特征构思的信度和效度，本研究在探索性因

素分析的基础上，通过第二阶段的调研数据，对理论构思进行验证性因素分析。

在产生模型的分析过程中，基于理论推导和探索性因素分析结果，作者提出了若干个竞争模型，包括 M0：观测变量相互独立的虚无模型，M1：一因素模型，即所有题项都归于单一维度；M2：四因素模型，由于在前述数据的探索性因素分析中，洞察识别和惯例反思的相关系数大于0.5，而且在前文的理论分析中，洞察识别和惯例反思都具有问题识别的特征，在某种程度上可以认为承载着相似的功能，因此作者拟合并洞察识别和惯例反思，提出一个四因素模型以作为备择方案；M3：五因素模型，即根据理论分析和探索性因素分析的结果所表明的因素特征模型这些模型。如图 3-2 所示。

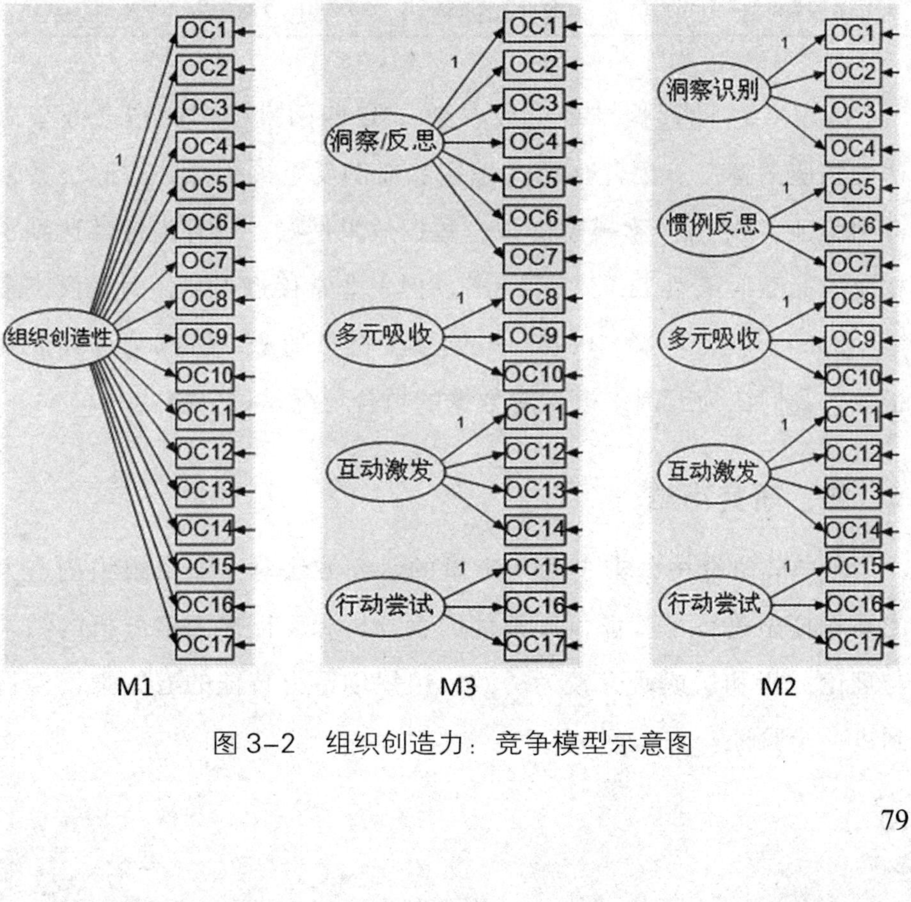

图 3-2　组织创造力：竞争模型示意图

本研究采用Amos7.0结构方程建模软件对各个竞争模型进行了构思验证。对于模型评价的核心内容是考察模型的拟合性。综合前人研究观点，本研究选择了 $\chi 2$/df 和 RMSEA 这两个绝对拟合指标以及 TLI、CFI、IFI 这三个相对拟合指标。根据经验准则，$\chi 2$/df 小于2为宜；RMSEA 小于0.08为理想结果；其他拟合指标则在0.90以上时，表示模型拟合情况较好.表3-11呈现了四个模型的拟合情况。

表3-11 验证性因素分析竞争模型拟合结果

测量模型	$\chi 2$	df	$\chi 2$/df	RMSEA	TLI	CFI	IFI
M0 虚无模型	778.932	136	5.73				
M1 一因素模型	372.833	119	3.13	0.156	0.549	0.605	0.615
M2 四因素模型	216.328	113	1.91	0.102	0.807	0.839	0.845
M3 五因素模型	167.205	109	1.53	0.078	0.887	0.909	0.913

从表3-11的数据结果可以看到，M2四因素模型的拟合效果未达到相应的标准，因此将洞察识别和惯例反思进行合并的假设并未得到验证。M3五因素模型的拟合数据效果最好，所有指标都达到了相应的标准，虽然TLI只有0.887，但也非常接近0.90，而且侯杰泰等（2004）就曾质疑“0.90”准则多少有点随意，所以结合其他的指数，我们认为五因素模型对数据的拟合情况是可以接受的。

四、研究小结

在本节研究中，本书通过定量的研究方法对上节中组织创造力的要素模型进行了验证，探索性因素分析和验证性因素分析的结果与理论分析和访谈研究较为一致，组织创造力特征的五因素模型得到进一步验证。

第三节 第三章研究小结

组织创造力近年来受到了许多学者的关注，虽然组织创造力的界定已经得到了广泛的共识，然而过去的研究并没有清晰地对组织创造力的要素和结构维度进行探讨，大多数的实证研究都只是简单地将其作为一种结果变量来进行处理。虽然这些实证研究已经比较系统地从个体、团队和组织不同的层面和视角探讨了能够对个体或团队创造力产生影响的组织情境因素，然而由于范式本身的局限性，必然导致有些重要的问题难以通过实证研究来进行回答。比如，大量文献都强调了组织创造力对于组织获取竞争优势的重要性，但是回顾已有的研究发现，迄今还鲜有研究从实证的角度直接对上述论断进行验证。正是基于上述研究现状，本研究试图通过更加系统的研究方法对组织创造力的结构维度进行更为深入和具体的探讨，从而为组织创造力研究的深入开展提供支持。

本研究同时使用了定性和定量的研究方法，力图做到更加系统以及研究之间的相互佐证。在子研究一的定量分析部分，本书首先在理论回顾的基础上指出，过程视角的创造力界定对于研究组织创造力的结构维度提供了很好的切入视角。虽然在已有的研究文献中并没有回答上述问题的直接答案，但是有关不同阶段的创造力过程都能找到相应的研究资料，为本研究的构思分析提供了极大的帮助。在理论分析的基础上，通过质性的访谈及编码研究发现，组织创造力是一个包括了“洞察识别”“惯例反思”“多元吸收”“互动激发”以及“行动尝试”五种行动要素的过程。从问题解决的视角来看，其中“洞察识别”和“惯例反思”这两个要素主要反映了“问题定义和设定”阶段的创造力行动特征，而“多元吸收”“互动激发”以及“行动尝试”这三个要素则更多反映了“问题解决”和“反馈调整”阶段的创造力行动特征。

值得一提的是，将组织创造力抽象为一个问题解决过程只是为了理论描述和理解上的方便，为了深入了解组织创造力的这一内涵，还有以下两点必须强调：

（1）创造力本来是用来描述个体的认知和行动过程，组织的创造力实际是一种隐喻，是用人的认知和行动来比喻组织的认知和行动；

（2）组织成员是组织创造力的基本主体，即组织要有创造力，首先需要组织成员具有创造力，组织的创造力活动只能通过个体的创造力活动来完成。但个体创造力并不是组织创造力的充分条件，个体创造力只有在组织情境中通过与其他组织成员进行互动整合来产生创造力合力，才能形成组织创造力。因此，组织创造力是描述组织作为一个整体的集体（collective）行动特征。

在子研究二的定量研究中，本研究基于已有的文献研究以及从访谈中获取的信息，整理开发了组织创造力量表。通过探索性和验证性因素分析发现，结果与子研究一相符。一方面，进一步证实了组织创造力的五要素模型，另一方面也为后续实证研究的进一步开展奠定了基础。

第四章 组织创造力驱动因素——创新导向研究

研究目的

组织创造力行动的背后必然存在某种驱动因素，然而对此目前我们还知之甚少。塔什曼（Tushman）（1997）指出，创新本身并不是企业长期成功的必要保证。换句话讲，偶尔一次或两次的创新最多只能帮助企业获得暂时的成功；相反，长期成功却必须依赖于对创新全面而持续的努力。而这种持续的创新追求则是来自于企业内在的对于创新的信念和理解，只有在这种信念和理解被转化为具体行动的情况下，企业才能具备足够的动力去实现持续的突破和发展。本研究认为，这种内在的动力就是组织创造力的驱动因素，那么这种内在的动力是什么呢？通过文献回顾可以发现，在诸多理论概念中企业的“创新导向”这一概念能够比较准确地反映上述描述。然而对现有文献进行仔细分析却可以发现，目前有关创新导向的研究大多还停留在文字描述的阶段，仅有的一些对概念本身进行具体分析的研究也是各执一词，并未形成一个清晰和统一的内涵共识[西格瓦（Siguaw），辛普森（Simpson）和 Enz, 2006]。

回答组织创新导向的关键要素是什么，并不需要罗列大量的企业创新形态，因为这些都是对概念外延的讨论，无法触及本质。只有通过对企业创新的具体决策和背后认知理解的深刻挖掘，才能从根本上回答这一问题。本研究认为作为一种行动逻辑，创新导向通过驱动不同的组织创新行动，从而对组织的创新形式、创新效率以及创新绩效产生影响。因此，创新导向是一个反映企业如何开展创新行动背后的驱动因素的构思，与企业的创新决策认知有着紧密的联系。只要能够明确组织创新导向的结构维度，就能更加深刻地理解企业创新行动背后的逻辑体系，这也正是本研究的目的。

第一节　研究方法

如果所研究的问题是一种理论空白，已有的文献无法很好阐释所要研究的问题，需要从实践中总结、归纳出理论框架和概念模型，这时就需要采取定性的案例研究进行理论构建（吴金希和于永达，2004）。案例研究不仅可以用于分析受多种因素影响的复杂现象，它还可以满足那些开创性的研究，尤其是以构建新理论或精炼已有理论中的特定概念为目的的研究的需要（英（Ying），2008），因此本研究决定采用探索性多重案例的分析方法对组织创新导向进行研究。

案例研究可以分为探索性（exploratory）、解释性（explanation）和描述性（descriptive）三类。探索性案例研究在案例分析之前并没有明确的理论假设，但是必须事先建立严格的分析框架；解释性案例研究一般在案例分析之前就已经建立了若干竞争性的理论假设，比较适合进行因果分析；描述性的案例分析主要为某一理论的成立提供实证支持，通常用于教学而非研究（盛南，2009）。本研究的问题性质决定了探索性案例研究方法是较为合适的选择。英（Ying）（2008）提出案例分析的材料可以为单一案例（singlecase），也可以是多重案例（multiplecases），前者在研究中主要用于挑战某一理论，后者则主要用于理论的构建，一般包括案例内分析（within-case analysis）和跨案例分析（cross-ease analysis）两个部分。前者是把每一个案例看成独立的整体进行全面的分析，后者是在前者的基础上对所有的案例进行统一的抽象和归纳，进而得出更精辟的描述和更有力的解释。

第二节 研究设计

英（Ying）（2008）提出的案例研究只有遵循严格的规范程序才能受到广泛的学术认同，科学的探索性案例研究通常包括定义研究问题、建立分析框架、确定分析单元、选择研究样本、搜集信息数据、案例分析、提出结论七个阶段。因此本研究也将参照这一程序进行。

一、文献回顾和分析框架

马努（Manu）（1992）最早对创新导向进行了探讨，将其描述为对组织整个创新体系的反映，是一个属于战略范畴的概念，因为它为组织的市场战略提供了方向。马努（Manu）和斯里兰（Sriram）（1996）提出创新导向包括新产品开发、研发投入和市场进入规则。然而这种分类仅仅只是关注了市场策略的部分，并未涉及贯穿于整个组织内部的共享信念。霍姆堡（Homburg）等（2002）将创新导向表述为一个包括公司创新产品数量、创新产品的目标客户数量，以及组织对创新的强调程度的函数。伯松（Berthon）等（1999）认为具有创新导向的组织应是持续的专注于对技术和产品的开发和完善。在他们的理论模型中，创新导向包括创新开放性（openness to innovation）和创新能力（capacity to innovate）。类似的表述包括，赫尔利（Hurley）和霍特（Hult）（1998）将创新性（innovativeness）表述为一种思维开放的组织文化；霍特（Hult），赫尔利（Hurley）和奈特（Knight）（2004）将创新性（innovativeness）表述为组织中不断产生新流程、新产品和新思想的能力。

国内学者在实证研究中也有涉及创新导向这个概念。杨智等（2009）使用创新精神和冒险精神来衡量创新导向；郭贤达等（2009）从发明创造的开发、创新性产品概念的提出以及产品生命周期计划这三个方面来衡量创新导向；张婧和段艳玲（2010）将创新导向视为体现企业创新文化的一个一维变量进行衡量。

从上述文献回顾可以看出，学界目前对于创新导向内涵的理解还相当零散，研究者之间远未达成统一的共识，这必然导致缺乏统一的视角来研究创新导向，从而阻碍了相关实证研究的深入进行。这也是为什么创新导向虽常被提及，然而真正围绕创新导向来展开实证研究的文献却相当匮乏。综观上述这些有关创新导向的定义，虽然它们的视角不同，但可以从中归纳出创新导向的三个基本特征[西格瓦（Siguaw）等，2006]：①创新导向与企业的战略意图相关，反映了企业为了获取持续竞争优势而倾向的创新模式选择和资源投入程度[沃伦（Worren）等，2002]。②创新导向与组织学习相关，反映了企业对学习所秉持的信念[赫尔利（Hurley）et al，1998]，是学习哲学的集中体现。③创新导向与组织的创新氛围相关，反映了组织致力于通过创新氛围的营造来提升组织创造力的努力[阿玛贝尔（Amabile）等，1996]。这里需要强调的是，创新导向并非具体的企业创新过程或行为表现，而是内隐于组织思维模式中的一套共享的价值信念和取向，反映了组织某种持久的行动逻辑和倾向，决定并推动着企业资源分配的决策、组织学习的发生以及创造力活动的开展。本研究将在以下部分基于"战略取向（strategic direction）""学习哲学（learning philosophy）"和"创新氛围（creative climate）"这三个方面深入分析组织创新导向的具体内涵。

（一）战略取向

过去的研究不是单方面关注战略（战略规划过程）就是单方面关注创新（新产品开发过程），战略研究主要是在公司或战略单位层面进行分析，而创新研究则主要是在产品层面进行分析，战略研究和创新研究并没有得到很好的整合。直到近十年研究才开始逐渐关注对创新和公司战略进行整合。相关的概念包括：战略创新、价值创新、非线性创新、间断性创新以及竞争性创新。虽然这些研究使用了不同的术语来进行描述，从其中仍然能够看到一些共同的特征：如对现有思维模式和内隐规则的根本性质疑；基于增长导向（growth-visioning）和创造力过程来构建战略；对市场空间和市场边界的重新定义；以及实现顾客价值的极大提升和公司的飞跃增长等。施勒格尔米尔希（Schlegelmilch）等（2003）将战略创新定义为：通过对现有商业模式和市场进行彻底的重新界定（打破已有的规则和改变竞争的性质）来实现顾客价值的极大提升和组织的飞跃增长。战略创新包含三个明显的要素：对商业模式的重新界定，对市场规则的重塑，以及实现客户价值的根本性提升。

类似的表述在有关企业的市场战略研究中也有所提及。有关市场导向最常见的两种分类是：市场驱动导向和驱动市场导向。其中，驱动市场导向是一种主动型导向，它关注未来市场，是企业超越当前主导性市场结构的束缚，旨在引入能够改变市场结构和顾客偏好的突破性创新[贾沃斯基（Jaworski）等，2000]。

可以看出，战略创新或驱动市场导向都是企业战略思维的一种反映，体现了企业主动通过创新的手段来实现对现有市场规则和边界的重新界定，其根本目的都是在于通过树立新的市场价值标杆，为顾客提供独特的价值体验，从而建立新的市场规则并超越竞争对手。这体现了企业高层对创新的承诺以及旨在借助创新获取市场领先地位的决心，而这又具体反映在组织有关创新资源的配置，对于基础研发的投入，以及富有冒险精神的进取策略等方面。

（二）学习哲学

学习哲学并非指具体的组织学习活动，而是体现了组织整体对于学习所持的价值观，将组织学习视为组织发展的核心动力。辛库拉（Sinkula）等（1997）认为，具有学习导向的组织会将学习视为公司最主要的基本价值，并将这一基本价值观在整个组织范围内进行共享，从而促使组织成员保持开放的心态，积极与外界沟通交流，并跳出过去心智模型的限制，提升组织学习能力。

具有创新导向的组织会将学习视为推动创新的主要动力，有关两者之间的紧密联系也早已得到了许多研究的证实。持续创新并不是一个可以在企业自动产生的过程，它需要企业不断地对现有问题进行洞察和学习。学习一方面帮助企业不断审视外部环境以获得新的知识技术创新范式，另一方面也帮助企业在内部通过知识的传递和共享为创新提供支持。组织学习是组织创新的内在需要，它促进了组织创新要素的融合，是提升组织创新能力的必要方式之一。组织的学习能力不仅会影响到创新的初始阶段，也会影响到创新的执行阶段。

如果一个组织认为学习没有什么价值，那么学习也就很少发生。组织创新导向在学习哲学方面的关键特征在于能够前瞻性的识别潜在机会，通过不断探索性的学习进行积累，持续开展有效地知识创新活动，从而能够更加快速和有效地把握可能出现的各种机会。学习哲学体现了企业上下对组织学习的重要性与必要性有深刻的理解，并将学习作为驱动组织发展和提升创新绩效的根本原则。

（三）创新氛围

对于一个组织来说，员工的创造力是组织创新的微观载体。个体创造力与支持创新的组织氛围有着密切关系，组织只有在内部塑造和培育一种支持与鼓励创新的良好氛围，才能够激发组织成员的内在创造动机从而产生更高的创造力。因此，除了各种必要的物质资源和技术研发这些外在的投入以外，组织创新更加需要一个支持和鼓励创新的氛围。

创新氛围是指组织中有利于员工产生创新想法的组织特征，包括管理风格、组织政策、目标设定等，这些特征被员工所感知并能够影响他们的态度、信念、动机、价值观等，进而影响他们的创造力活动和持久的创新行为。尤其是当这些组织特征得到了组织上下所有成员的共识和认同时，就会产生协同行为并形成创新合力，从而影响组织整体的创新能力和创新成果。创新氛围包括三个特征：

①是个体对组织支持和倡导创新的一种感知；②这种感知在整个组织中得到共享；③这种感知来自于组织的各项管理实践、制度和流程。研究发现，组织创新氛围存在于具有创造力和革新性的组织之中（王雁飞和朱瑜，2006），组织支持、主管支持、团队支持、允足的资源、自主性、责任感、挑战性等都有助于创新氛围的塑造[阿玛贝尔（Amabile）等，1996]。

创新氛围的作用在于对创造力的激发，然而创造力和效率却常常被视为相互矛盾的两个目标。创造力和效率对个体提出了不同的认知要求，在完成创造力目标的时候，个体需要借助发散性思维考虑许多不同的可能性；而完成高效率这一目标时，则需要借助聚合式思维来聚焦于特定的目标。这种内在的矛盾使得许多企业为了达到效率目标而选择适用严格的工作流程和工作设定来约束员工的行为，无形之中就忽视或破坏了应有的创新氛围。然而创新导向的组织绝不会因为对于“效率”的过分执着而牺牲了对于创新的追求。相反，这些组织都会极力营造一个支持创新的组织氛围和环境，并且找到适当的方式来实现效率和创新之间的平衡（如双栖组织模式 -organizational ambidexterity）。该维度体现了企业致力于塑造一个支持创新的组织氛围，以此激发组织成员和团队的创造力，从而提升组织的整体创新绩效。

二、分析单元和研究样本

分析单元是研究要聚焦的主要对象，也就是数据搜集的边界。案例研究的分析单元可以是个体，也可以是组织或社区，主要取决于研究问题，选择恰当的分析单元可以使案例研究的针对性和分析效率得到显著提升。组织创新导向是一个组织水平的构思，因此本研究的分析单元为企业。

为了提升外部效度，产生可概化的理论，本研究选择了多重案例的研究方法。由于目前创意产业的外延还很广泛，包含了非常广阔的行业分类，比如动漫、网络游戏、广告、建筑艺术、艺术和古董市场、手工艺品、时尚设计、电影与录像、交互式互动软件、音乐、表演艺术、出版业、软件及计算机服务、电视和广播，此外还包括旅游、博物馆和美术馆、遗产和体育等。因此，在研究中涵盖所有这些行业既不可行也没必要。本研究主要聚焦于创意产业的企业，因此文化产业和事业型主体并不在本研究范围之内；此外，那些处于创意产业边缘或是更多可归于其他产业的行业也不属于本研究的范畴，比如古董市场、旅游等。最后，本研究选取了目前比较有代表性的三个行业作为研究对象：动漫、网络游戏和设计。此外，通过前期的初步调研作者发现，受制于资金、技术、发展阶段以及产业环境等因素的制约，目前国内大多数创意产业公司的业务大多还是属于代为加工和后期制作的阶段，很少涉及自主研发或开发新产品。鉴于上述原因，作者在选取样本的时候重点从两个方面来进行判断，首先会考虑该企业是否拥有自主研发的新产品以及该产品在整体业务中所占的比重；其次，该企业的新产品（作品）是否获得了业界的认可，这点可以通过媒体的曝光度以及获奖情况来进行佐证。由于不可避免地存在数据可得性和可靠性方面的问题，样本选择在一定程度上受制于企业联系的实际情况。权衡上述所有因素，本研究最终选择了苏州的三家创意企业：一家从事网络游戏开发，一家从事动漫产品开发，最后一家从事汽车设计。

三、数据搜集

在案例研究通常使用的是定性数据。英（Ying）（2008）指出，在案例研究中，有六种类型的数据：相关文件，档案记录，访谈，直接观察，参与式观察和实体物品。综合运用各种数据搜集方法可以使案例资料相互印证，形成可靠的证据链，将研究问题和结果逻辑地联系起来。考虑到本研究的背景是新兴产业，历史数据相对缺乏，因此本研究主要使用三种数据来源：网络资料、企业内部资料和半结构化访谈。研究者首先通过网络公开资料的搜集获取样本企业创新活动的基本信息，进而从样本企业获取相关的内部资料或宣传材料，在此基础上确定每家样本企业的访谈对象和访谈计划，然后通过半结构化的访谈获取相关信息，每家企业都选择1 ~ 2名了解企业情况的管理层进行访谈，时间在1.5 ~ 2小时左右。

第三节　案例分析

一、SZWN公司

1. 企业背景信息

SZWN公司，是中国最早的3D网络游戏研发公司，拥有两款自主研发的3D网游引擎，并在此基础上开发了数款精品网游。公司成立于2000年，总部设在苏州，在上海、美国、俄罗斯都分别设立了全资子公司。2011年10月SZWN公司荣获业界最佳原创企业奖。SZWN公司的发展到目前大致经历了三个阶段。2000 ~ 2005年创业之初，通过《HHSJ》等三款的游戏开发，渐渐积累了相关知识和经验；而此后在2006 ~ 2008年这段时间，更多是在探索如何能够将创造产出从艺术品转变为商品；从2009年开始，SZWN公司又回到了更加专注自主创新的道路，并推出了以《JYZJ》为代表的一系列优秀作品。

2. 关键事件一：锐意创新，自主研发3D引擎

由于自主研发对于技术方面的要求以及在时间成本和资金成本方面的居高不下，2000年SZWN公司准备做第一款产品《HHSJ》的时候，在国内游戏业界很多公司的做法大都是选择去代理韩国的一款游戏，那个时候盛大网络也才刚刚开始代理2D的网络游戏《传奇》。就是在这样的一种市场背景下，SZWN公司却宣布要自主开发中国人自己的3D网络游戏。没有人相信SZWN这样一家名不见经传的公司会成功。由于没有任何经验和积累，开发《HHSJ》这款游戏，SZWN公司共耗时4年，投入资金4000多万，每年总投入的60%都是用于研发，整整4年没有任何产出和利润，完全依赖从传统产业中拿出利润进行填补，开发过程中光是完全推翻以前的构架重新设计就达到8次之多。最后SZWN公司终于成功开发出了不亚于国际主流3D游戏引擎的“HHZ”，进而在此基础上制作出了中国首款返销韩国的3D航海题材网游《HHSJ》。这是全世界第一款3D航海类网络游戏，在当时是国内画面质量最高、没有外挂的网络游戏，也是第一款以全世界为背景的网络游戏。SZWN公司CEO提到：“2004年12月份我们宣布《HHSJ》开始内测的时候，所有人都惊呆了。当我们进入游戏之后，再没有人怀疑SZWN公司的实力”。常有业界人士认为SZWN公司有些特立独行，在业界都追求大众项目的时候，SZWN公司总是在做一些题材各异的小众产品。实际上SZWN公司非常强调自主研发，正是在不断的实验中，才积累起了自己的

引擎技术，这也为SZWN公司的虚拟世界布局打下了坚实的基础。

早在2002年，SZWN公司CEO就前瞻性地提出了“让虚拟世界和现实世界成为相互的起点和终点”的终极目标，并立志让SZWN公司成为最好的虚拟世界缔造商。国内企业做虚拟世界产品，在技术方面还存在比较大的难题，而SZWN公司一直在修炼内功，技术上已走得比较靠前。”第1虚拟商务是由SZWN公司投入4000多万，历时四年，通过拥有自主知识产权的3D引擎精心打造而成。第1虚拟商务3D虚拟现实技术能够还原真实的商业环境，更具空间感和真实感,3D网络用户可以通过其虚拟形象在“3D场景”中开展人与人、人与物的深层次交互活动，具有了深刻的过程特性。第1虚拟商务的出现，很好地解决了目前网络商务的短板：现场体验、交流和沟通，使传统的网店和线上交易成为过去时，真正地实现了网络营销的“3D”化：生动、主动和互动。通过第1虚拟的上线，SZWN公司的一整套虚拟世界布局也将逐渐清晰。

3. 关键事件二：商业摸索和创新回归

虽然《HHSJ》在技术研发上获得了成功，但由于缺乏足够的市场运营经验和一些外来的因素，导致SZWN公司也遇到了极大的困难。由于在收费模式上的失误再加上受到同样高端定位的《魔兽》游戏的冲击，《HHSJ》的收益并没有达到令人满意的预期效果。SZWN公司于是改变了策略，借鉴《征途》与《传奇》的模式开发了《TZ》产品。这样做的目的在于探索如何才能将艺术和商业进行更好地整合。然而按照开发《TZ》的这种模式来做这种产品是与SZWN公司主导逻辑完全相悖的另一种思维模式，因为SZWN公司一直秉持着要以艺术的心态来做产品这样一种价值观。SZWN公司CEO表示，“这容易对我们最核心的价值观产生冲击”。于是有了《JYZJ》的立项，时间是2007年，并且使用的是自己的研发的全新引擎。于是SZWN公司开始步入了第三个发展阶段，重新回归了创新。

《JYZJ》是一款以中国武侠文化为背景的游戏产品，自发布以来便凭借着诸多创新点受到了无数武侠迷的关注与支持，并摘得多项重要奖项桂冠。SZWN公司CEO指出，“我相信这款游戏不是换了皮的游戏，而是能颠覆市面上所有网游的产品”。

武侠作为一种开发难度比较高的题材，在风险和盈利的考量下大多厂商依然选择回归老套的欧美魔幻玩法。因此传统游戏的开发周期大多在18 ~ 24个月，而SZWN公司的游戏开发基本都在3 ~ 5年。比如，《JYZJ》的引擎开发过程就经历了三次很大的回炉，最后一版3D引擎在设计过程中参考了大量的图形学论文，使得无论在画面质量还是人物的行为表达上都达到了国际一流水平。《JYZJ》之所以成为众多玩家关注的焦点，关键还在于创意。为了能更好地还原“真武侠”，构建一个庞大而真实的江湖世界，从翻阅古今武侠资料到名家大作，从文本资料的收集到跋山涉水获取真实的武侠资源，SZWN公司都下了很大的功夫，以使玩家体会到一个纯正的有血有肉的武侠江湖。

4. 关键事件三：人力资源布局和文化建设

作为一家优秀的互联网公司，SZWN公司历来重视多样化人才的培养和储备。公司通过和浙大、上海大学等著名高校的合作，十年来凝聚了500多位国内顶尖技术人才，并由他们组成了十多支极具创造力的研发团队。这些精英们具有多样化的技术知识背景，无论在技术还是在观念上，都始终走在时代发展的最前沿，并不断产生各种各样的创意。SZWN公司的所有行动都是源于“为梦想而生”这样一个理念——“小小的壳里包含着大大的梦想！”在SZWN公司，最有价值的是思想，而SZWN思想的关键就在于保持思考的过程和思考本身。而这些都离不开创意的人才和一个公司氛围的塑造。公司的项目经理谈到，“在SZWN公司，所有的员工都不怕犯错误，因为我们认为只有在一次次的错误和总结之后，才能发现事物的真谛。在SZWN公司内部没有等级观念，每个人都可以自由地表达自己的想法”。公司也通过许多制度和文化建设来鼓励员工的创新，比如在《JYZJ》的开发过程中，有一个负责策划的员工对JYZJ的战斗系统很有想法，他希望对战斗系统进行修改，于是他自己利用空闲的时间，用现成的工具做了一个演示版本。这件事情获得了CEO的高度评价，他把公司的所有领导集中起来讨论这个问题，给予了高度的赞许，该员工在工资和职位方面都得到了很大提升，这一激励措施也在全公司进行了通告。

5. 案例分析

创始之初，SZWN公司并没有像大多数企业那样选择游戏代理这种当时惯常的做法，而且在整个市场还几乎处于2D游戏主导的情况下，就率先提出要打造自己的3D网络游戏，并耗时4年花费4000多万人民币，最后成功开发了3D游戏引擎，推出了3D网络游戏《HHSJ》，在当时是国内画面质量最高的网络游戏，也是第一款以全世界为背景的网络游戏。之后虽然《TZ》为SZWN公司带来了不少盈利，但由于《TZ》游戏的开发模式局限于对已有模式的模仿，因而永远只能处于跟随的地位。因此SZWN公司还是断然放弃了这种开发模式，经过短暂的调整最终又回到了自主研发的创新之路，于是产生了《JYZJ》为代表的一系列优秀作品。此外，为了更好地弥补由于2D技术的限制而产生的网络商务短板，SZWN公司前瞻性地开发出了基于3D引擎技术的第1虚拟商务，真正实现了网络营销的生动化、主动化和互动化，为商家和买家都提供了全新的网络体验。上述行为都体现了SZWN公司愿意大胆突破市场已有的模式局限，通过不断的努力，主动为市场树立新的发展模式并为客户带来全新的价值体验。

刚开始的时候，SZWN公司在网络游戏开发方面的经验和积累还几乎处于空白状态。同时由于致力于自主研发，SZWN公司很多产品在投入方面都远远高于一般的游戏公司。传统游戏公司的产品开发周期大多在18 ~ 24个月之间，而SZWN公司的产品开发时间基本都在3 ~ 5年。比如，《HHSJ》和《JYZJ》都花费了4年多的时间才最终完成。在《HHSJ》的开发过程中光是完全推翻以前的构架重新设计就达到8次之多；而在《JYZJ》引擎的开发过程中也经历了三次重大的“回炉”，此外为了实现画面质量的突破还参考了大量的图形学论文，并在此基础上融入了SZWN公司自身的诸多创新设计。正是有了在3D技术方面的不断积累，SZWN公司才能成功地推出第1虚拟商务，并逐渐朝着“让虚拟世界和现实世界成为相互的起点和终点”的这一目标迈进。上述行为体现了SZWN公司致力于不断通过探索性的学习，在逆境中能够坚持自己的价值诉求，并逐渐积累相关的知识和技术，从而最终构建了独一无二的竞争优势。

SZWN公司的创新来自于技术和创意的齐头并进，而这都离不开强大文化氛围的支撑。“为梦想而生”这一理念已经深深植入了SZWN公司的DNA之中，所有员工的行动都是这一理念的直接体现。此外，在SZWN公司没有官僚等级，也不用担心因为尝试创新而犯的错误会导致惩罚，只要勇于创新并实现突破就会受到提升和奖励。通过人才获取组建一支强大的研发队伍，从而使得多样化的知识和创意能够被共享和利用。上述这些都体现了SZWN公司在制度上和文化上提供了一个有利于创新孕育的环境，从而为创新的实现提供了根本保障。

二、TRAD动画有限公司

1. 企业背景信息

TRAD动画有限公司成立于2008年6月，是一家以动画产业为核心的多元化经营的新型文化企业，致力于全面推进中国原创品牌动画的创作，大胆参与动画产业链建设，以原创动画创作为龙头，全面开展动画衍生产品的生产。公司总部设在苏州，并在昆山、张家港等地区建立了动画制作基地，专业从事动画电影、电视的开发、创作和制作以及动画技能的培训。TRAD拥有一支完整的囊括了前期、中期、后期的庞大团队。其中前期创作人员20名，动画师40余名，场景灯光师30余名，后期团队30余名，总人数超过120人。凭借着强大的技术攻关和影片制作能力，TRAD在国内3D动画领域一直处于领先位置。已推出的多部作品获得业界内外的广泛好评和多个国内外奖项，公司荣获了“创意产业十大优秀创业企业奖”等奖项。

2. 关键事件一：技术突破，制作《XHLFMJ》

《XHLFMJ》大型动画系列片是国内首部真正以电影制作标准制作的电视动画。这部动画作品是全球首次采用了真实表现感超强的“毛发渲染技术”，并且是“全部角色全毛发”的广泛运用，精细程度可媲美电影标准。

在《XHLFMJ》的策划初期，关于是否采用全毛发技术进行制作这一问题，当时TRAD公司内部也产生了很多思考和争论。从弊端上讲，如果做这件事情，成本和周期都会极大增加。此外在技术方面也是一个很大的难关，绝大部分公司没有做这个事情，很大程度上也是因为缺乏相应的技术实力。由于是开创先河的尝试，因此在开发过程中可能会出现的种种不确定因素和突发状况也都会导致进一步加长投资周期，因而很难得到投资方的接受。

TRAD 经过讨论认为，首先 TRAD 应该站在一个比较长远的立场来看待这个问题。虽然目前还没有企业去尝试做这样一件事情，而且其中也不乏各种技术风险和挑战。但是，如果最后做成了，就有机会树立三维动画市场的一个标准和标杆，为这个行业建立一个新的技术定义。其次，如果选择不做这个毛发技术，而只是按照目前常规的做法来开发产品，最后的作品可能会淹没在成百上千的同样品质的三维动画片之中。因此，从长远发展来看，这种突破性的尝试很大的一个好处在于能够帮助 TRAD 树立一个强大的“江湖地位”。基于上述考虑，TRAD 最终决定了对该技术的采用，而这直接的后果是整个投资成本拉高了40%，而且整个项目做了三年才最终完成。但是作品的推出在整个业内和动画界非同凡响，现在 TRAD 的合作伙伴都基本是各个行业的龙头公司。

在整个动画作品的开发过程中，TRAD 也遇到了很多困境和挑战。①主角 FOX 身上有38万根毛，常常由于渲染和制作的时候数据匹配上的差错，导致出现很多黑斑，而对于每一个这样的黑点都要进行一帧一帧的修订（一秒钟等于24帧）。②在项目初期，是将人而不是动物作为主角来进行安排的，包括创意和后面的设想也都是按照这个思路进行了规划。但当最初的两集做出来后，却发现效果不是太好，TRAD 便全部推翻了项目前期的整个策划和设计，而当时已经投入的200万也意味着不能收回。③在开发过程中资金上也遇到很多瓶颈，TRAD 负责人表示，“其实三年以来我们资金一直都处于非常紧的状态，除了政府的补贴，其它全是自有资金，资金链一直是一个非常紧绷的状态，因为我们的成本最后拉高了40%多”。④人才方面的瓶颈，当时这个项目制作标准确定下来后，在国内几乎找不到可以直接上手做这个项目的人才。因此，通过一年多的自主培训，TRAD才具备了开发这个产品的人才基础。

3. 关键事件二：聚焦新兴媒体，关注业务模式创新

目前基于传统的动漫出品流程，国内动漫产业基本是选择电视和电影这两个相对成熟的媒体渠道推出作品。在4年前TRAD成立之初，就预测互联网和手机这两个新兴媒体将来在动漫产业必将会有一个爆炸性的增长趋势。因此在制作动画电视和动画电影的同时，就已开始关注和保持与这两个媒体的长期沟通。通过不断的了解和学习，TRAD逐渐掌握了与网络媒体进行合作的各种条件和方式，包括技术方面的准备以及与网络媒体的合作方式（合作价格、合作条件等）。因此，在《XHLFMJ》还未真正最后全部完成之前，TRAD就已与百度的奇艺网开始了业务上的合作，将该作品的网络播映权出售给奇艺网，从而能更加快速地获得更多的受众资源，拓展市场空间。

而在手机媒体方面，TRAD在成立的时候其实就有一个很明确的目标，当时3G手机市场是面临一个发牌和开放的过程，TRAD负责人表示："我们当时就断定这确实是一个机会，手机动画这个事情一定要做，我们一定要为这个3G市场的开放做好准备，但当时我们确实不知道怎么做，没有一套详细的方案”。为此，TRAD专门在张家港建立了手机动画的培训中心和手机动画的制作基地，一方面开始做好人才上的储备，另一方面也自己进行技术方面的研究，研发和学习视频文件如何在手机上的平台上进行播出。经过了一年多时间的研究，TRAD逐渐摸清了如何与移动、联通和电信这些通信

商进行合作的模式。TRAD 负责人表示，“这条线直到现在我们才慢慢开始理顺，这是一个非常长期的一个摸索过程”。经过前期的自己摸索，等到这些平台真正开放的时候，和这些媒体进行对接的时候，TRAD 就已经具备了能够快速上线的能力和准备，20多集手机动画也即将在联通的平台上推出和投放，并已开始手机增值业务方面的合作。

4. 关键事件三：开发音乐动画《HD》

TRAD 要求技术部门的员工在制作上不断进行自我挑战和提升，尤其是在《XHLFMJ》成功的基础上，更是增加了这种打造高端精品的信心和信念。目前，TRAD 正在开发一款以梁祝《HD》命名的音乐动画作品，其清晰度的标准是电影清晰标准的2倍，同时也是目前全世界的一个首创。TRAD 负责人表示，“这个清晰度的标准出来以后，又将会是另外一个对市场的冲击”。《HD》开发也带来很多挑战，比如其中一个毛毛虫化成蝴蝶的过程有10秒钟，但一个30个人组成的制作小组却花了4个月的时间才完成。TRAD 负责人表示，“很多人当时也不能理解我们为什么这样做，大部分都说你们死定了，投资肯定收不回，但我们就是坚持要做精品，这是我们最基本的出发点”。此外，开发这个音乐作品的出发点还在于，《HD》是中科院的一个有科研经费支持的科研项目，而且整个中科院的研发和制作团队都在 TRAD 的昆山基地进行实地办公。这样不仅能够解决一部分资金上的困境，更重要的是有助于 TRAD 研发团队的提升和磨合，包括项目领头人培养。TRAD 负责人表示：“这是一个很好的学习过程和机会，对公司的技术能力和品牌又是另一个飞跃性的提升”。

5. 关键事件四：文化建设和灵感激发

在 TRAD 的经营理念中清晰地表明，“在 TRAD 内部，我们力图营造一种爱的氛围，一种家的感觉。只有在一个充分释放了感情，一个精神绝对自由的环境下，才能彻底碰撞出每个人的激情与灵感，才能持续制作出一部部令人感动的作品。”在实际中，TRAD也是用行动来很好地诠释了自己的经营理念。由于TRAD的很多员工都是来自全国各地，而每年春运的时候火车票非常难买。为了能让每位员工都能回家过年，每年过年，由所有公司的高层，包括董事长，都会全体出动去帮助员工通宵排队买票。此外，TRAD还会通过各种措施来激发员工的灵感和创意。比如，组织员工畅游双山岛采风，找寻动画灵感；参观苏州博物馆，感受古老文化，将民族元素有机融合到作品中去；组织锦溪之行为员工提供接受文化熏陶的机会，让作品更具灵性。还有通过独特的圆桌式动画创作商讨大会，倾听每个人的想法，不错过任何一个创意。

6. 案例分析

在政府加大对创意产业扶持力度的政策环境下，滋生了大量的动画动漫公司。然而，受困于本身技术能力落后和资金投入缺乏等方面的诸多限制，国内许多公司的3D作品都湮没在了大量同质化的产品之中。创意产业本身的一个重要特征就在于其产品的精神消费属性，顾客价值更多来源于从产品中所获得的体验。在“死命做精品”理念的驱动下，TRAD大胆通过技术方面的战略合作首次在全球采用全毛发技术来开发动画作品，提供全新的视觉感知，为顾客体验带来更多的冲击，提供了更多的价值。

TRAD敏锐地预判互联网和手机这两个新兴媒体将来在动漫产业必将会有一个爆炸性的增长趋势，TRAD专门在张家港建立了手机动画的培训中心和手机动画的制作基地，一方面开始做好人才上的储备，另一方面也自己进行技术方面的研究；并且从一开始就在研究如何与互联网媒体进行技术对接和业务合作。经过前期不断的摸索和尝试，在这方面不但获得了足够的技术能力，也积累了许多宝贵的知识经验。从而等到这些平台逐渐成熟并真正开放的时候，TRAD就已经具备了能够快速上线的能力和准备，能够快速适应并率先与这些平台建立业务合作关系，开辟新的业务和盈利模式。勇于接受挑战，上线《HD》项目，通过与中科院的联合研发积累知识经验。在尝试过程中，宁愿接受200万前期投入的损失，也要从角色上塑造出能够为顾客提供全新价值的作品。上述行为体现了TRAD在逆境中坚持，并通过不断地尝试、学习来积累知识经验，从而能够快速把握机会的特征。

在“用爱创造梦想”理念的推动下，TRAD为员工营造了一种关怀的氛围，并创造各种机会来帮助员工体验生活的快乐和获取各种灵感。为了更好地激发员工的创意，TRAD也采取了独有的圆桌式创意互动大会，并致力于吸收各种多样化背景的员工，优化人力资源体系。在“死命打造精品”这一思想的引导下，TRAD的所有部门都在题材上、内容上、技术上积极致力于为顾客打造全新的体验和价值。这些都表明，一个良好的文化氛围是TRAD创新成功必不可少的重要因素。

三、SZAJ汽车技术有限公司

1. 企业背景信息

SZAJ汽车位于中国—新加坡苏州工业园区创意产业园，是专业的汽车设计和汽车咨询公司。公司成立于2003年，在汽车设计领域，SZAJ在行业内综合能力排名前列。有专业设计人员430余人，5年以上设计经验工程师占74%。在汽车咨询领域，公司为汽车整车厂家、零部件厂家等各类汽车相关机构提供最权威、最准确的数据报表、技术报告、市场分析文章等信息资源，并进行市场调研服务。在汽车产品系统集成领域，SZAJ 具有一个设备先进的汽车样车试制基地；并进行特种车辆的自主研制和 CKD 产品的生产组织。SZAJ 深知汽车设计是一项创意工程，因此一贯坚持汽车设计的自主创新，也因此获得了“苏州工业园区十佳科技创新明星企业”等一系列荣誉。

2. 关键事件一：开发沙漠赛车，引领赛车文化

2008年10月开始由 SZAJ 技术团队研发的第一台沙漠赛车样车在 SZAJ 工业下线。该车是国内第一台轻量化大马力的沙漠赛车，第一台为沙漠越野量身定制的沙漠赛车，同时也是第一台能够量产出口的自主研发车型。SZAJ 开发沙漠赛车的灵感来自于进行海外市场扩展的时候，SZAJ 发现那些中东国家一方面不缺油，另一方面他们有大片的沙漠。在沙漠里行驶不会受到交通管制，但是他们并没有一种能够在沙漠里自由行驶的工具。当时在美国有专门为沙漠设计的车，但不适合复杂的沙漠地形，更多的是适合沙滩那种比较平缓的道路。沙漠赛车属于特种车，在产量上不能满足大厂的要求；而小厂又没有足够的技术实力来研发这种车辆。因此，SZAJ 果断地抓住这个机会，凭借自己多年所积累的技术实力，成功研发了沙漠赛车。

沙漠赛车外型的灵感来自于“变形金刚”，在设计技术上，这款赛车突破了速度的难关，具备极佳的越野能力。在沙漠赛车的开发过程中 SZAJ 也遇到了很多问题，比如开这种车的人开车习惯比开轿车要粗犷很多，这样导致离合器常常受损，因此 SZAJ 对离合器进行了一个很大的加强作用并改变了离合器的材料和容量。由于沙丘的冲击导致车身前面的转向机拉杆极易受损，为了解决这个问题，SZAJ 专门去宁夏的

沙漠做了一个多月的实验。还有传动轴因为要上下运动也容易受损，因此要经过各种调试，才能减小误差，经过多次尝试这些问题才逐渐得到了解决。SZAJ 负责人表示，“从中获得的很多经验也为我们其他车型的设计开发提供了很好的借鉴和帮助。”

以前，由于国内玩车的这种文化还没有很好地发展起来，而且沙漠赛车还要受限于场地，因此 SZAJ 的沙漠赛车主要以外销为主。而近两年，随着国内经济水平逐步提高，买车和玩车的人也逐渐开始增多。SZAJ 目前正在准备与新疆和内蒙古那边的一些旅游景点合作，从而开拓那边的旅游项目，推动当地旅游文化的开发同时也为自己的市场开拓打下基础。

3. 关键事件二：锐意研发，打造全铝车身，发力电动汽车

新能源汽车已经被列为中国汽车行业今后5年发展的重中之重，其中中低速电动汽车是目前推动我国电动汽车产业化、开启电动汽车大规模消费市场的最佳切入点。SZAJ 在电动汽车的发展思路上，便定义在纯电动化、小型化的方向。邓总表示，“我们可以算得上是国内真正意义上做电动整车开发的公司”。目前国内很多厂商都号称有自己的电动轿车，但大都是把动力换掉。SZAJ 负责人认为，“这些还不足以体现电动轿车的特性，因为车还是很重，加上电池以后更重，电池比发动机还重，就达不到最优，因此不太具有商业化的价值”。SZAJ 负责人表示，“我们的同行在技术方面的摸索没有我们这么早的关注，大多同行都没做过或是刚才开始进行，而我们的成车已经进行了几轮的实验。等这个市场扩大的时候，我们就已经掌握了电动汽车开发的一整套的一个能力”。

在纯电动汽车开发方面，SZAJ 的一大亮点就在于全铝车身的研发。全铝车身的优势就在于重量轻，成本投入也会比传统汽车板

材低，而且能够一次性回收。目前电动汽车有一个问题，就是电池的续航能力不行，这样就要求一定要大量的节省能源的消耗，因此便有了全铝车身这样的需求。全铝车身这个技术现在国内车长几乎没有人做，因为铝比钢轻，其中存在很多技术难关，很多汽车设计公司不愿意尝试，还是习惯性使用钢材，而国外也只有很少几家大的汽车公司在做，在中国对全铝车身只是部分客车厂有过应用，但从轿车上还没有对全铝车身做过应用。SZAJ 负责人表示，“整个中国的全铝车身在汽车行业的应用可以说是一个探索和需要研究的领域，即使 SZAJ 全铝车身的尝试失败，我们也就损失了人力和时间，大不了重新回来做钢板，但我们从中就能获得和积累别人学不到的更多的知识”。此外，SZAJ 也多次和铝业集团联系，要求他们提供相应的材料，在这方面 SZAJ 也已积累了不少经验。

全铝车身的研发也碰到很多难题，虽然是铝车身但不可能全部是铝，其中也会需要用到钢板，铝和钢之间如何连接便是一个难题。铝和刚之间不能焊接，因为这样容易导致铝的氧化，于是 SZAJ 经过多次尝试后来采用了胶粘和铆接的方式。此外，整个车身都是需要喷涂，而铝的喷涂工艺和钢的又不一样，所以只能先喷铝，然后再把钢放上去。SZAJ 负责人指出，“我们本身就是搞技术开发的，有些新的方法虽然开始不熟悉，但我们敢于尝试。比如胶粘，其实胶的强度很大，经过相应的测试和分析，经过与供应商的细致交流，我们便大胆试验了胶粘的办法，最后获得了成功”。

4. 关键事件三：人才培养和创意有道

自 2003 年成立以来，SZAJ 一直把培养人才放到十分重要的位置。SZAJ 大学的成立，更是让这种人才培养模式规范化、系统化。在 SZAJ，无论你是谁，只要有足够好的创意和过硬的技术，都有发挥才干的空间。比如，现在SZAJ引以为傲的全铝车身设计方案，就是2009年由一位总设计师提出来的。为了让大家能更好地开展创造力的工作，每位员工每周三和周五下午都要进行2个小时的体育锻炼，充分体现“一张一弛，文武之道”的工作方式。SZAJ鼓励员工把工作中遇到的问题进行分享和一起讨论，充分发挥集体智慧的优势来产生创意，从而避免一个人‘闭门造车’。SZAJ负责人表示，“在SZAJ无论你问什么，你向谁提问，大家都会坦诚地提出自己的看法。”对于80后的员工，SZAJ也充分考虑他们的成长环境，综合分析其优、劣势并鼓励其发挥创造力思维。SZAJ负责人表示，“要成为我们的一员就必须要有一点‘特色’。”这个‘特色’其实就是一种热情，一种对汽车设计的热情，一种对中国汽车工业发展的热情。SZAJ的所有员工都能深深体会到‘制造’和‘创造’的价值区别。”除了为员工送上节日祝福和礼物外，SZAJ公司还经常组织员工旅游，努力营造一个大家庭的氛围。

5. 案例分析

在拓展海外市场的时候，SZAJ敏锐地觉察到中东地区有关沙漠赛车的潜在需求，并凭借自己的技术优势成功填补了市场的这一空白。然而，SZAJ对于沙漠赛车的开发并未就此停止。随着国内玩车文化的逐渐兴盛，SZAJ又敏锐地洞察到沙漠赛车的新商机，在“引领国内赛车文化”这一理念的推动下，通过与旅游景点的合作项目以及积极参与各种赛事，从而为国内的玩车文化注入了新鲜的血液。而随着国家对新能源汽车和电动汽车的大力推进和扶持，SZAJ不仅积极投身于低速电动汽车的整车开发，而且充分利用自己的技术优势进行全铝车身技术的开发，从而开创了国内全铝车身轿车探索的先河。上述这些都体现了SZAJ能够敏锐地洞察市场机会，并充分利用自己的技术实力，通过全新的尝试为客户提供新的价值体验并积极引领市场的发展方向。

沙漠赛车的开发过程充斥着各种SZAJ从未遇到过的难题，通过大胆的各种创造力的尝试，SZAJ一一化解了这些难题，更为重要的是通过这些过程，SZAJ积累了许多丰富的技术知识，并迁移到其他车型的开发之中。SZAJ率先进行低速电动汽车的摸索和开发，在其他同行还未或刚开始进行相关研发的时候，SZAJ的成车已经进行了多次试验。正如SZAJ负责人所说的，“等到市场一旦扩大，我们就具备了别人所没有的能力。”在全铝车身的开发上，由于铝材本身的特性和许多技术原因，虽然目前发展前景并不明晰，但SZAJ依然坚持在这一领域开展研发，并认为即使最后失败也能为其他方面的研发积累许多宝贵的知识和技术经验。上述这些行为体现了SZAJ愿意率先对许多未知领域进行探索性的尝试，将其视为一个知识积累和学习的过程，从而不断为自己的技术实力添砖加瓦。

SZAJ深知汽车设计是一项创意工程，也深知人才才是创意最重要的来源，“一张一弛，文武之道”、各种人文关怀和制度上对于人才福利的重视，以及SZAJ大学的成立等都能充分说明SZAJ对于人才的重视。此外，在氛围的塑造方面，SZAJ也表现出其独到之处。不仅通过鼓励分享和讨论来激发集体创意，而且通过引进外来设计师将最新的趋势融入SZAJ的思维之中。更为重要的是，SZAJ对于创意的激发有其更为深刻的理解，只有对汽车设计充满热情的人才能进入SZAJ，而“热情”正是创意最根本的源泉。上述这些激发人才创意的各种措施充分展现了SZAJ独特的创意之道。

第四节　跨案例分析

本部分将在上述三个案例分析（within-case analysis）的基础上进一步通过横向比较进行跨案例分析（cross-case analysis），目的是抽取出不同企业的创新导向的共同特征，进而提炼出具有理论意义的构思，最终明确组织创新导向的结构维度。

表4-1展现了作为研究样本的三家具有创新导向的企业在战略取向上的具体表现，从中不难发现一个明显的共同特征，所有这些企业在面对不确定性的时候，都不愿墨守成规和跟随市场大流，而是主动并且大胆寻求能够突破现有市场规则的各种潜在机会，并致力于通过提供全新的客户价值体验来为整个行业树立新的标准和发展方向。SZWN自主研发3D网络游戏引擎和《HHSJ》超越了大多游戏厂商陷于代理2D游戏的困境；开发《JYZJ》突破了老套的欧美魔幻玩法；而打造第1虚拟商务则是突破了现有2D虚拟商务的局限。TRAD开发动画作品《XHLFMJ》大胆采用全毛发技术来提供全新的视觉冲击；开发音乐动画作品《HD》，使用高于电影2倍的清晰标准给市场带来全新冲击。SZAJ敏锐洞察沙漠汽车的商机，并借此契机引领国内的沙漠赛车文化；而锐意开发全铝车身则是前瞻性的识别电动汽车的发展趋势，从而开创了国内轿车全铝车身研发的先河。尽管这些企业的突破性尝试并不是从无到有的发明式创新，但可以肯定的是他们的行动都旨在树立一种新的市场规则和价值创造模式。因此本研究将这一维度命名为“创新引领（Innovation Anticipating）”，以反映企业在战略取向这一方面的主导逻辑。

表 4-1 战略取向维度的跨案例分析

企业简称	关键事例摘录	维度
SZWN	1. 自主研发中国人自己的 3D 网络游戏，并耗时 4 年开发出不亚于国际主流 3D 游戏引擎，极大提升画面质量	创新引领
	2. 开发《JYZJ》网络武侠游戏，通过“武功门派”和“百家姓”等创意为玩家提供纯正江湖体验的“真武侠”游戏	
TRAD	1. 全球首次采用全角色全毛发技术开发动画作品《XHLFMJ》，带来视觉体验的全新冲击	
	2. 开发音乐动画作品《HD》，使用高于电影 2 倍的清晰标准给市场带来全新冲击	
SZAJ	1. 开发沙漠赛车，并利用国内玩车文化逐渐升温的契机，主动通过旅游项目和赛事参与引领国内赛车文化	
	2. 研发全铝车身用于轿车开发，发力纯电动汽车市场，助推电动汽车产业发展	

表4-2展现了作为研究样本的三家具有创新导向的企业在学习哲学上的具体表现。这些行为同样具有一个明显的特征，那就是能够前瞻性的洞察市场趋势，并通过大胆的尝试获取和积累知识技术，在逆境中坚持追求，从而不断提升自身优势。SZWN 创始之初就看到虚拟世界和3D 技术的重要性，在4年没有利润的情况下，依然执着地坚持自主研发拥有全部知识产权的3D 游戏引擎，也正是有了这些技术实力的积累，才成就了后来包括《JYZJ》和第1虚拟商务在内的诸多优秀产品的诞生。为了达到理想的效果，SZWN 在多款产品的开发过程中都不惜数次推倒原来的假设和构思进行重建，并不惜付出更多的时间和成本投入。TRAD 敏锐地预判互联网和手机这两个新兴媒体将来在动漫产业必将会有一个爆炸性的增长趋势，通过提早建立制作基地进行人才储备和先期技术探索的学习积累，从而快速抓了住新兴媒体平台所带来的机会；借助《HD》项

目，与中科院自动研究所展开实地合作，在清晰动画标准方面积累技术知识。SZAJ 大胆通过各种创造力尝试来化解全铝车身开发过程中的各种难题；为了成功研制沙漠赛车，专门在宁夏沙漠地区进行1个多月的现场试验；在全铝车身发展前景不明的情况下，也抱着能够积累各种知识的态度，坚持自主研发。这些不断探索未知领域并积累丰富知识的行为其实就是企业进行探索式学习和创新的一个过程，因此本研究将这一维度命名为“学习承诺（Learning Commitment）”，以反映企业在学习哲学这一方面的主导逻辑。

表 4–2 学习哲学维度的跨案例分析

企业简称	关键事例摘录	维度
SZWN	1. 在《HHSJ》的开发过程中，8 次完全推翻原来的设想和架构，以达到理想的效果	学习承诺
	2. 在《JYZJ》开发过程中连续 3 次修正引擎，以提升画面质量和行为表达效果	
	3. 借助 3D 开发技术的前瞻性积累，成功推出能够更加真实再现现实情境的第 1 虚拟商务	
TRAD	1. 在前期已经投入 200 万的情况下，为了重新塑造更加理想的角色，不惜全部推翻以前的假设重新再来	
	2. 借助《HD》项目，与中科院自动研究所展开实地合作，在清晰动画标准方面积累技术知识	
	3. 前瞻性地预见到新兴媒体的兴起，提前建立人才培养基地和开展相关研究，从而快速把握与新兴媒体的合作机会	
SZAJ	1. 大胆尝试，创造力地使用“胶粘”技术来代替对铝材和钢材之间的焊接	学习承诺
	2. 为了解决转向机拉杆受到冲击过大易碎的问题，研发团队待在宁夏沙漠地区进行了一个多月的实验	
	3. 抱着学习和积累技术知识的心态，在全铝车身市场前景并不明晰的情况下，依然坚持进行自主研发	

表 4-3 创新氛围维度的跨案例分析

企业简称	关键事例摘录	维度
SZWN	1. 和浙大、上海大学等著名高校开展合作，组建了十多支由来自多元化背景的员工组成的极具创造力的研发团队	氛围塑造
	2. 在“为梦想而生”理念的引导下，每个人都致力于保持思考的过程和思考本身	
	3. 小小的一名策划，能够因为自己的主动创新而获得职位和薪酬的全面提升，并在全公司进行宣扬	
TRAD	1. 力图营造一种爱的氛围和家的感觉，为大家创造一个充分释放感情和精神绝对自由的创作环境	
	2. 组织员工畅游双山岛采风，参观苏州博物馆，感受古老文化，吸收民族元素，让作品更具灵性	
	3. 吸收包括文学专业和播音主持等方向的多样化人才，并通过独特的圆桌式动画创作商讨大会，有效整合创意	
SZAJ	1. 通过留美和留德的资深设计师引进国际上最新的流行趋势，融合到SZAJ 的设计体系中去，为公司增添新鲜元素	
	2. 鼓励员工把工作中遇到的问题进行分享和讨论，充分发挥集体智慧的优势来产生创意，从而避免一个人的“闭门造车”	
	3. 让每个员工领悟“制造”和“创造”的价值区别，并以对汽车事业的“热情”作为衡量应聘候选人的核心标准	

表4-3展现了三家样本企业在创新氛围上的具体表现。这些行为的共同特征在于它们都致力于创造一个鼓励和支持创新的公司氛围，将公司理念融入每个员工的行动之中，通过有效地激发创意来获取创新之道。SZWN 积极获取多样化的技术人才来打造研发团队，将“为梦想而生”这一理念融入每个员工的行动之中，并通过提拔和加薪等激励制度来鼓励员工自发的创新行为。TRAD 通过爱的关怀来释放员工的情感和创造潜能，组织员工外出进行各种参观和旅游以获取灵感，持续吸收多样化的人才来使得更多的优秀创意在碰撞中产生火花。SZAJ

要求员工保持张弛平衡，通过外来设计师的引进来获取最新的设计趋势，鼓励员工展开自由的分享和讨论，并将“热情”作为员工招聘的根本标准。本研究将这一维度命名为“氛围塑造（climate cultivation）”，以反映企业在鼓励创新行动这一方面的主导逻辑。

第五节　第四章研究小结

目前有关组织创新导向的定义还非常模糊和庞杂，在其内涵和结构维度方面还远未达成共识。西格瓦（Siguaw），辛普森（Simpson）和Enz（2006）首次提出了一个关于创新导向结构的整合性框架。他们认为，创新导向主要由三个方面构成：战略意图（strategic direction），学习哲学（learning philosophy）和部门间协同（transfunctional acclimation）。本研究通过对已有文献的回顾，以及三家创意产业企业的案例内分析和跨案例分析，最终指出组织创新导向是一个包含创新引领、学习承诺和氛围塑造三个维度的构思。比对西格瓦（Siguaw）等提出的构思可以发现，上述三者是对该构思的继承和精炼（图4-1）。

战略意图反映了一个组织对自身发展途径和战略选择的认识，包括对组织目标和思路的理清，主要通过愿景和使命陈述来得以呈现，其本身并不能构成一个变量的维度。创新引领是对战略意图的阐释和精炼，它是指企业对创新表现出的一种高度承诺，并致力于通过创新为行业树立新的标准，从而引领行业的发展，体现了一种敢于先动和冒险的精神。

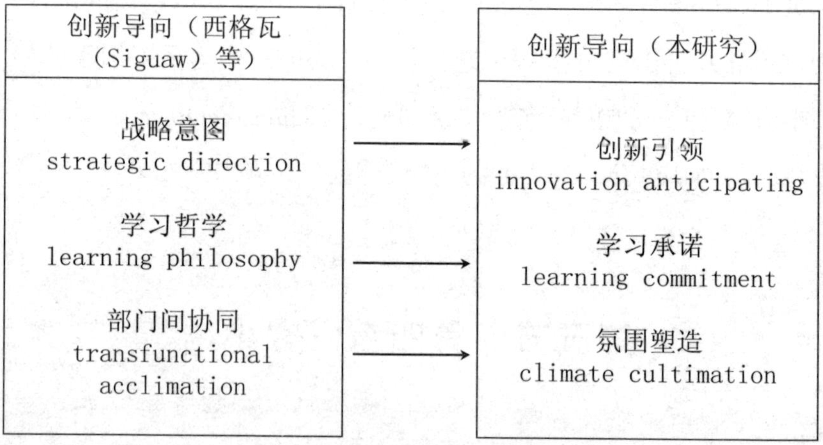

图 4-1　组织创新导向构思比较

从学习哲学的角度来看，三家企业的行动背后都隐含着一种深刻的学习理念。这主要体现为两点：一方面，他们在创新过程中都表现出明显的探索式学习特征；另一方面，他们都将创新视为一种前瞻性的尝试，旨在先于他人获得更好地知识和技术积累。

而在最后一个维度上，西格瓦（Siguaw）等认为是部门间的协同，而本书作者认为创新氛围的塑造能够更好地反映这一特征。部门间协同更多是一种具体的活动表现，而氛围塑造更能体现企业将个体和团队创造力视为整个组织进行创新的基石的这样一种理念，而良好的创新氛围则有助于推动部门间的协同活动。虽然三家企业在理念表述和具体的构建方式上有所迥异，但其本质都在于塑造一个支持创新的组织氛围，以此激发组织成员和团队的创造力。

值得一提的是，虽然组织的创新导向的三个维度反映了不同的特征，但总体上可以认为组织创新反映了一种整体上的进取、冒险以及成长导向的目标取向，这些特征在“创新引领”“学习承诺”“氛围塑造”上都有所体现。

此外，本研究对于组织创新导向三个维度的提炼也与本身的研究背景之间存在非常密切的联系。本研究选择创意产业作为研究背景，而创意产业最大的特征就在于其需求的不确定性以及对于创造力的依赖。由于难以对消费者的需求进行准确预测，因此套用既有的模式将能在很大程度上减轻不确定性所带来的风险，但这同时也阻碍了创新的产生。正是对于不确定性的容忍以及面对不确定性时所具有的一种强大的内在执着和信念，那些具备更高程度“创新引领”的企业才会表现出对于创新的高度承诺。此外，由于不确定性难以进行事前预测，学习成为创新获得成功的必然保障。这里的学习超越了单纯学习别人的经验或现成的知识，而更多意味着在行动中获取新知识和达成创新目标，即首先通过前瞻性的预判形成一个模糊的目标，然后通过不断进行尝试和修正来获取和积累新的知识，从而使得先前模糊的目标逐渐清晰。相对于那些更加稳定和容易预测的产业环境，在不确定性的情境中上述学习的效用将会更加明显。创意是创意产业企业获取竞争优势的重要保障，创意则直接产生于企业创造力的高低，而创造力在很大程度上取决于企业是否具有一个相匹配的氛围。因此塑造一个有利于激发创造力的氛围就显得十分必要，而这并非一日之功，而是需要企业在文化制度以及领导行为等方面做出持续的努力。

第五章 组织创造力触发机制研究

研究目的

本书在研究一中通过对企业创造力活动的理论分析和编码研究明确了组织创造力构思的特征维度并对其进行了验证，从而对组织创造力活动的关键特征有了比较清晰地认识。而在研究二中，通过案例研究从企业主导逻辑的视角研究分析了组织的创新导向。虽然从逻辑上进行推论可以认为，组织创新导向和组织创造力活动之间存在因果关系，这一关系在案例描述当中也有所体现，但是如果涉及两者之间维度方面的关系以及具体的驱动过程，现有的知识仍处于一片空白，这就需要借助更多的理论成果，构建更为细腻的研究模型，运用严谨的研究方法对组织创造力活动的形成原因进行分析和检验，从而最终明确组织创造力的动力机制。此外，由于各种研究方法都有其优缺点，因此近年来对理论构思的检验越来越强调采用多元研究方法论（multiple methodologies），即需要通过定型和定量的不同研究方法来交叉检验同一研究构思，以强化研究结果的稳健性（robustness）（陈晓萍等，2008）。因此，本研究旨在探讨组织创新导向如何驱动不同的组织创造力活动，期望通过对这一动力系统的深刻分析掌握组织创造力的驱动效应，挖掘可能会对这一过程产生重要影响的关键因素，理清组织创新导向和组织创造力各个维度之间的具体关系，将组织创造力的动力前因清晰地展现出来。

主导逻辑借助图式和认知地图的形式来进行存储，因此可以被理解为一种知识结构。普拉哈拉德（Prahalad）和贝蒂斯（Bettis）（1986）认为，知识结构就是管理者对商业进行界定并进而做出资源分配决策的方式。蔡尔德（Child）（1972）提出了战略选择理论（strategic choice），强调了组织决策者的自身特征在战略决策选择中所起的关键影响。整个决策选择的过程会受到决策者自身需求、价值取向、经历以及期望等导向性特征的影响。汉布里克（Hambrick）和梅森（Mason）（1984）提出的高层代理理论（upper echelons theory）进一步指出，战略选择本身就内含着很大程度的行为要素，是高层管理者独特的认知基础和价值取向的反映。克罗赫（Krogh）等（2000）指出，主导逻辑就像一个过滤器或棱镜，不但影响决策者对于环境刺激的选择也影响他们对于刺激的解释，从而影响他们的决策选择以及相应的行动策略的选择。

在前面的分析之中，本书已经从知识结构（主导逻辑）的视角对组织创新导向进行了分析，基于上述分析本书认为，组织创新导向作为一种有关创新的主导逻辑，一方面会反映在组织的决策选择当中，主要体现为认知与环境的交互作用，即面对不同的环境信息和任务特征，不同的主导逻辑会引导决策者做出不同的选择。另一方面，创新导向也会体现在对于组织行动策略选择的影响之中，主要体现为在创新导向的引导下，组织（成员）会选择不同的行动策略会表现出某种特殊的行动特征。因此本书将在接下来的研究中试图回答两个问题：①创新导向如何影响组织的行动策略（组织创造力），即组织创造力的驱动效应；②在创意产业具体的任务特征中，创新导向如何影响决策者的决策选择，即组织创造力的启动效应。驱动效应和启动效应同时构成了组织创造力的多层触发机制，其中驱动效应更多聚焦于企业员工的行动层面，而启动效应则更多聚焦于企业高层的决策层面。

第一节　组织创造力的驱动效应研究

本研究的主要目的在于分析组织创新导向如何驱动组织创造力过程的开展，即组织创新导向与组织创造力之间存在怎样的关系，并具体到维度进行探讨。

一、理论分析和研究假设

（一）创新引领与组织创造力

创新引领反映了组织的一种战略目标取向。战略创新者常常会去寻求回答“我们的业务是什么”“我们的客户是谁”“我们如何创造价值”这些问题，这就要求他们去重新思考过去业务所基于的传统假设和规则[杰罗斯基（Geroski），1998]。他们不是试图适应未来的发展趋势，而是主动去塑造和参与对未来发展趋势的影响之中，并且先于顾客去识别发展趋势甚至去创造新的发展趋势来引导顾客的需求，而不是满足于服务好现有的顾客和需求[杰罗斯基（Geroski），1998]。由于战略创新者对自己所处产业的一切商业模型和假设都会进行质疑，因此会比其他公司进行更大范围的战略搜索，扩大了创造力空间，从而能够看到更多的机会而不是限制[基姆（Kim）和莫博涅（Mauborgne），1999b]。所有的研究者都不约而同地认为，对于战略创新来讲最为重要的文化价值要素就是建立一种质疑态度（questioning attitude），比如从本质上去反思过去的业务形式，并进行一些具有前提假设的思考和心智模拟（mentally experiment）。

哈梅尔（Hamel）认为，（1996）战略创新是一个创造力的探索过程，是一个发展愿景驱动的整合过程，包括未来驱动导向（future-pull orientation），整合非传统的思想，以及有意识的跨越现有的商业边界，从而找到商业的蓝海并创造出新的成长机会。施勒格尔米尔希（Schlegelmilch）等（2003）指出，跨越组织的边界以及产业边界进行对话会显著增加新的真知灼见出现的几率。战略创新需要一种由外至内（outside-in）的视角从而获得更大范围的外部视角来被整合到创新过程之中，对现有的假设进行质疑并填补关键的知识空缺。这些外部视角可以来自公司的合作伙伴（如供应商和分销商），也可以来自前瞻性的产业思考者或咨询师等。战略创新者试图突破现有的限制来为未来勾勒一副理想的图画，然后再回到现实来寻找应该怎样做来实现这种理想的未来状态[哈梅尔（Hamel），1996]。他们虽然要借助于当下已有的能力和资源，但在对机会的评估和探寻方面则会突破当下条件的限制，从而获得更多对于未来的洞察。

迈尔斯（Miles）等（1978）指出，探索导向的组织（prospector）的主要能力在于持续开发新的产品和市场机会，他们会持续地搜索更大范围的市场环境、趋势和各种事件，投入大量的人力和物力进行市场扫描以识别潜在的机会，他们对于技术具有一种超前性的判断，而不会满足于在现有的技术框架下去思考产品的开发。他们追求各种突破性的产品或服务，愿意承担探索而带来的相应的风险，因而常常开展各种实验。这类组织会先于计划就开始行动，在信息不完整的条件下就不断开展各种实验。罗（Luo）和帕克（Park）（2001）指出，探索导向反映了组织通过持续的行动和实验来开发不断涌现的机会。

基于前文对于创新引领和组织创造力的讨论以及上述的理论分析，本书认为，“洞察识别”“惯例反思”“多元吸收”以及“行动尝试”都与创新引领存在联系，即创新引领是这些行动背后的动力机制之一，因此提出以下假设：

H5-1-1：创新引领对洞察识别具有显著正向作用；

H5-1-2：创新引领对惯例反思具有显著正向作用；

H5-1-3：创新引领对多元吸收具有显著正向作用；

H5-1-4：创新引领对行动尝试具有显著正向作用；

（二）学习承诺与组织创造力

学习承诺反映了组织对于学习的一种态度，卡兰通（Calantone）等（2002）指出，学习承诺反映了组织重视学习以及促进学习的积极态度，有利于创造良好的学习氛围。对学习有高度承诺的组织会将学习视为一项对自己生存至关紧要的重要投资，是一种指向长期的战略导向，比如管理者会鼓励员工在工作中超越自身的工作范围去寻求新的知识。对学习承诺度高的公司更加愿意关注和探索最新的技术并将之用于创新之中，从而更有可能实现这方面的突破。同时，这些公司会对客户需求进行前瞻性的关注，尽力去理解那些还未得到识别的市场需求，所以能够更好地把握和抓住各种突现的机会。

西格瓦（Siguaw）等（2006）认为，对新想法的开放文化以及鼓励员工关注最新的技术发展趋势等都是组织学习哲学的一种反映。贝克（Baker）和辛库拉（Sinkula）（1999）指出，学习导向更多的是一种指向于双环学习和激发学习的价值取向，反映的是一种不断质疑的价值模式，在这种模式下组织会不断忘却过时的市场知识和准则，从而实现范式上的超越（paradigm shift）。斯莱特（Slater）和纳弗（Narver）（1995）指出，在学习承诺型的组织里，组织成员常常会被鼓励甚至要求跳出思维定势来进行思考。此外，重视学习的公司总是试图拓展自己的知识基础，因此会通过各种外部网络来获取更多的知识，开放地接受多元化的思想和想法。休伯（Huber）（1991）指出，学习导向本质上与新知识的开发过程有关，同时也包含了行动的成分。在面对模糊和不确定的情境时，重视学习的组织往往更加重视通过行动来进行探索和尝试，对风险表现出更高的容忍度。

学习导向与组织创新性之间的关系已经得到了大量研究的证实。比如，卡兰通（Calantone）等（2002）研究发现，学习导向对于组织的创新性有显著的正向影响。霍特（Hult）等（2004）指出，学习导向是组织创新性的一个核心前因变量。李（Rhee）等（2010）的研究发现，组织学习导向在市场导向和创业导向对组织创新性影响作用的中间起着中介作用。

基于前文对于学习承诺和组织创造力的讨论以及上述的理论分析，本书认为，组织创造力过程中的所有维度都与学习承诺存在联系，即学习承诺是这些行动背后的动力机制之一，因此提出以下假设：

H5-1-5：学习承诺对洞察识别具有显著正向作用；

H5-1-6：学习承诺对惯例反思具有显著正向作用；

H5-1-7：学习承诺对多元吸收具有显著正向作用；

H5-1-8：学习承诺对互动激发具有显著正向作用；

H5-1-9：学习承诺对行动尝试具有显著正向作用；

（三）氛围塑造与组织创造力

埃德蒙森（Edmondson）（1999）认为，心理安全感是员工对于是否能够大胆地展现自我并承担风险的一种氛围感知。在一个能够包容不同意见的组织氛围中，员工往往更加愿意大胆提出自己的各种想法、寻求他人的反馈以及采取行动，而不用担心自己是否会受到别人的嘲笑或评头论足。吉尔森（Gilson）和莎莉（Shalley）（2004）的研究表明，心理安全感与尝试新想法之间有显著的正向关系。埃德蒙森（Edmondson）（2003）的研究发现，有效地团队领导通过塑造心理安全氛围来促进团队的学习和创新。

卡克（Kark）和卡梅利（Carmeli）（2009）指出，越有活力（vitality）的员工在工作中就越有可能表现出更高的创造力。活力不仅仅是一种积极的情绪体验，更多的是一种生理和心理的积极唤起，处于这种状态之下的个体会表现出更多的创造力行为，寻求各种新的想法，积极投入到各种思想碰撞的交流之中。奎因（Quinn）（2007）指出，有激情和活力的员工更加倾向于以一种全新的方式来认知周围的环境，他们能够不断学习和创造出新的工作方式。施普赖策（Spreitzer）等（2005）也指出，处于活力状态下的员工会表现出更多的探索性行为。

工作自主性反映了员工在多大程度上能够自主决定自己的工作方法和节奏安排等，研究表明，工作自主性有利于激发员工表现出更高的创造力，因为他们会感受到更少的约束和束缚[德西（Deci）等，1989]。在自主宽松的组织氛围中，员工更加愿意并积极的与别人分享自己想法和知识，也更加愿意并且能够对新奇的事物进行探索，因为他们有很大的自由能够决定自己的工作如何开展。此外研究也已经表明，开放的组织氛围能够更加有效地促进知识的流动 [卡兰通（Calantone）等，2002]，同时在这样的氛围中，员工也更加愿意与别人进行争论，而不必顾虑是否会因此产生人际上的矛盾。

基于前文对于氛围塑造和组织创造力的讨论以及上述的理论分析，本文认为，“多元吸收”“互动激发”以及“行动尝试”都与氛围塑造存在联系，即氛围塑造是这些行动背后的动力机制之一，因此提出以下假设：

H5-1-10：氛围塑造对多元吸收具有显著正向作用；

H5-1-11：氛围塑造对互动激发具有显著正向作用；

H5-1-12：氛围塑造对行动尝试具有显著正向作用。

二、研究方法

（一）研究样本

本研究采用问卷量表的方式进行数据采集，为了从源头上保证数据的质量，以及满足研究目的的需要，有必要建立适当的取样标准，尽量控制研究主题意外因素的干扰。样本企业的业务主要包括动漫、动画、游戏、文化传播、广告策划、咨询、影视、软件、设计等方面。在前期调研的基础上，作者进一步对上海、江苏、四川和广东等地区进行了取样。

为了尽可能避免同源偏差，本研究将调研问卷中的两个部分分别由不同的人员来填写。由于组织创新导向代表了一家企业的主导逻辑，而这在很大程度上就是高层管理者认知模式的反映，同时由于本次调研的大多数企业都属于中小企业，因此本研究请企业的创始人或实际负责人来填写企业的背景信息及组织创新导向。而有关组织创造力的部分，由于创意产业中的企业多为基于项目制度运作的业务模式，此外在本研究中组织创造力更多反映的是一种较为客观的行动策略，且填写者是基于过去发生的事件来进行填写，因此选择对于该家企业的项目运作非常熟悉且多次全程参与整个项目的资深管理者来进行填写。

经过多次调研，本研究最后总共回收有效地成套问卷共计139份，详细信息见表5-1。

表5-1　样本描述

指标	类别	频次	百分比
成立时间	3年以内	30	21.6%
	3 ~ 5年	44	31.7%
	5 ~ 10年	57	41.0%
	10年以上	8	5.7%
主要业务	动画 / 动漫 / 影视	32	23%
	游戏	51	36.7%
	软件	16	11.5%
	传播 / 策划 / 咨询	25	18%
	设计	10	7.2%
	其他	5	3.6%
人员规模	1 ~ 50人	24	17.3%
	50 ~ 100人	59	42.4%
	100 ~ 500人	50	36.0%
	500人以上	6	4.3%
企业性质	国有	9	6.5%
	民营	112	80.6%
	外资 / 合资	18	12.9%

（二）测量设计

本研究中使用的组织创造力量表来自研究4.3中开发的组织创造力量表，其中共包括5个维度和17个题项。组织创新导向量表则是在西格瓦（Siguaw）等（2006）的基础上，主要参考了卡兰通（Calantone）等（2002）和科文（Covin）和斯莱文（Slevin）（1989）的研究形成，共包括3个维度，每个维度各包含4个题项，共计12个题项。

（三）统计方法

本研究采用因素分析对测量工具进行信度和效度检验，并运用相关分析和多元回归的方法对研究假设进行检验。

三、研究结果

（一）问卷测量的信度和效度检验

1. 组织创新导向的信度和效度检验

在分析之前，首先对样本数据进行了KMO样本充分性和Bartlett球形检验。分析结果表明，本次取样的KMO值为0.823，表明适合进行因素分析。同时，Bartlett球体检验的显著性水平小于0.001，拒绝了相关系数矩阵为单位矩阵的零假设。本研究的探索性因素分析采用了主成分法提取因素，使用正交转轴方法，选择特征值大于1的因素。探索性因素分析结果如表5-2所示。

表5-2　组织创新导向探索性因素分析结果

测量题项	F1	F2	F3
我们倾向于不断探索产业新的发展方向，而不是墨守成规	.210	.154	.727
我们倾向于作为“引领者”，率先推出新产品或新技术	.063	.248	.785
我们试图通过创新为客户提供全新的体验和价值	.115	.227	.632

续表

测量题项	F1	F2	F3
我们重视对于研发活动的投入	.120	.086	.853
我们认为，尝试是积累知识的学习机会，而非无为的冒险	.809	.111	.218
我们认为，一旦停止学习公司未来的发展就会面临危险	.829	.076	.081
我们把学习作为一个重要的战略要素来对待	.786	.170	.148
我们认为，学习是一项投资而不是成本	.784	.157	.076
公司营造了一个包容不同意见的工作氛围	.133	.751	.200
公司为员工提供了一个充满活力的工作氛围	.058	.815	.173
公司营造了一个有利于知识共享的开放氛围	.196	.757	.158
公司为员工提供了一个自主宽松的工作氛围	.145	.814	.187
变异解释量（%）	21.44	23.42	21.01
α 系数	.79	.84	.83

从组织创新导向的12个题项中抽取3个因素，这些因素累计解释了65.91%的变异。根据前述理论分析以及各个因素中测量题项的内容，笔者将这些因素命名为：F1-创新引领，反映了组织不愿墨守成规和被动应对，而是主动并且大胆寻求能够突破现有市场现状的各种潜在机会，重视创新并致力于树立新的标准和发展方向。其解释了总体变异的21.44%；F2-学习承诺，反映了组织将学习作为自身发展的根本驱动要素，将一切尝试视为学习的机会而非没有必要的风险，在尝试中逐步获取和积累知识技术，在逆境中仍然坚持追求，从而获取先发优势。其解释了23.42%的总体变异。F3-氛围塑造，反映了组织为员工提供自主和充满活力的工作环境，并致力于塑造一个有利于沟通互动和知识共享的工作氛围，从而促进知识的流动和创意的激发。其解释了总体变异的21.01%。因素分析提

取的各维度的 α 系数都在0.79以上，因此可以认为该量表具有良好的效度和信度。

2. 组织创造力的验证性因素分析

在前面的研究中，本文对组织创造力的测量工具进行了探索性因素分析和验证性因素分析，结果显示该量表具有良好的信度与效度。为了说明后续的研究结果是来自有效地测量工具，本研究在此对组织创造力的量表进行分析，但仅对其进行五因素验证性因素分析。表5-3呈现了虚无模型和假设模型的拟合情况。从模型的拟合情况来看，五因素模型的在各项指标上都处于可以接受的范围之内。另外，组织创造力洞察识别、惯例反思、多元吸收、互动激发和行动尝试五个维度上的 α 系数分别为0.83，0.81，0.75，0.78和0.75。综合来看，本次组织创造力的测量具有较好的效度和信度。

表5-3　组织创造力验证性因素分析

测量模型	χ2	df	χ2/df	RMSEA	TLI	CFI	IFI
虚无模型	1130.833	136	8.31				
五因素模型	186.681	109	1.71	.072	.903	.922	.924

（二）主要研究变量的描述统计

各变量维度的平均值、标准差及两两间相关关系如表5-4所示。

表5-4　各变量维度描述性统计分析

	M	Sd	1	2	3	4	5	6	7
组织创造力									
1 洞察识别	5.37	.97							
2 惯例反思	5.19	.98	.526**						

续表

	M	Sd	1	2	3	4	5	6	7
3 多元吸收	4.85	.95	.338**	.370**					
4 互动激发	5.07	.79	.339**	.272**	.370**				
5 行动尝试	4.83	.97	.391**	.312**	.437**	.375**			
组织创新导向									
6 创新引领	5.19	.93	.328**	.295**	.303**	.294**	.269**		
7 学习承诺	5.27	.90	.351**	.253**	.303**	.308**	.278**	.347**	
8 氛围塑造	5.24	.95	.292**	.255**	.334**	.367**	.258**	.455**	.345**

*= P <.05，**= P <.01，相关系数基于双尾检验

为了验证相关的研究假设，本研究首先对组织创造力变量和组织创新导向变量各个维度之间进行了相关性分析。结果表明，各维度之间都存在显著的正相关关系，这一结果为研究假设的验证奠定了进一步分析的基础。

（三）组织创新导向的驱动作用分析

在相关分析的基础上，本研究继续使用回归分析法对组织创新导向和组织创造力之间的驱动关系进行了验证。从表5-5中可以看出，组织创新导向的不同维度对组织创造力有不同的影响。此外，统计结果表明VIF值最大值为1.365，远小于临界值10[奈特（Neter）等，1990]，说明不存在多重共线性问题。

（1）洞察识别同时受到创新引领和学习承诺的驱动，其中创新引领对洞察识别的标准化回归系数为0.182，在0.05显著性水平上显著，而学习承诺对洞察识别的标准化回归系数为0.262，在0.01显著性水平上显著。而氛围塑造对于洞察识别没有驱动效应，其标准化回归系数为0.118，未达到显著性水平。研究假设H5-1-1和

H5-1-5得到验证。

（2）只有创新引领对惯例反思有驱动效应，其标准化回归系数为0.191，在0.05显著性水平显著。而学习承诺和氛围塑造对惯例反思都没有驱动效应，其标准化回归系数为分别为0.143和0.118，都未在0.05显著性水平上达到显著。研究假设H5-1-2得到验证，而H5-1-6未得到验证。

（3）学习承诺和氛围塑造对于多元吸收都具有驱动效应，其中学习承诺对多元吸收的标准化回归系数为0.200，在0.05显著性水平上显著，而氛围塑造对多元吸收的标准化回归系数为0.196，也在0.05显著性水平上达到显著。创新引领对于多元吸收没有驱动效应，其标准化回归系数为0.148，未达到显著性水平。研究假设H5-1-3未得到验证，H5-1-7和H5-1-10均得到验证。

（4）学习承诺和氛围塑造对于互动激发都具有驱动效应，其中学习承诺对互动激发的标准化回归系数为0.190，在0.05显著性水平上显著，而氛围塑造对互动激发的标准化回归系数为0.250，也在0.01显著性水平上达到显著。创新引领对于互动激发没有驱动效应，其标准化回归系数为0.113，未达到显著性水平。研究假设H5-1-8和H5-1-11得到验证。

（5）只有学习承诺对行动尝试有驱动效应，其标准化回归系数为0.200，在0.05显著性水平显著。而创新引领和氛围塑造对惯例反思都没有驱动效应，其标准化回归系数为分别为0.155和0.116，都未在0.05显著性水平上达到显著。研究假设H5-1-9得到验证，H5-1-4和H5-1-12未得到验证。

表 5-5 组织创新导向对组织创造力的驱动作用分析

	因变量（组织创造力）									
	洞察识别		惯例反思		多元吸收		互动激发		行动尝试	
	β	t	β	t	β	t	β	t	β	t
控制变量										
企业性质	.087	1.081	.009	.110	.051	.629	.049	.603	.006	.069
成立时间	.040	.474	-.044	-.509	.053	.630	.020	.231	.059	.681
人员规模	-.035	-.432	.107	1.272	-.019	-.227	-.019	-.231	.015	.173
自变量										
创新引领	.182	1.999*	.191	2.031*	.148	1.602	.113	1.237	.155	1.623
学习承诺	.262	2.961**	.143	1.558	.200	2.236*	.190	2.138*	.200	2.172*
氛围塑造	.118	1.290	.118	1.250	.196	2.118*	.250	2.723**	.116	1.221
调整 R2	.156		.096		.136		.148		.088	
F 值	5.243		3.429		4.615		5.002		3.212	
F 显著性	.000		.004		.000		.000		.006	

（1）VIF 最大值 = 1.365

（2）*= P <.05，**= P <.01

四、研究小结

在本节中，本研究在前述研究的基础上，进一步对组织创造力的驱动效应进行了分析。研究结果证实了组织创新导向对于组织创造力的动力作用，但具体到每一个维度上，研究结果表明，组织创新导向的三个维度在组织创造力过程中产生了不同的影响作用。研究假设及结果小结如表5-6。

表 5-6　本节研究假设结果小结

假设序号	假设内容	结果
H5-1-1	创新引领对洞察识别具有显著正向作用	支持
H5-1-2	创新引领对惯例反思具有显著正向作用	支持
H5-1-3	创新引领对多元吸收具有显著正向作用	不支持
H5-1-4	创新引领对行动尝试具有显著正向作用	不支持
H5-1-5	学习承诺对洞察识别具有显著正向作用	支持
H5-1-6	学习承诺对惯例反思具有显著正向作用	不支持
H5-1-7	学习承诺对多元吸收具有显著正向作用	支持
H5-1-8	学习承诺对互动激发具有显著正向作用	支持
H5-1-9	学习承诺对行动尝试具有显著正向作用	支持
H5-1-10	氛围塑造对多元吸收具有显著正向作用	支持
H5-1-11	氛围塑造对互动激发具有显著正向作用	支持
H5-1-12	氛围塑造对行动尝试具有显著正向作用	不支持

第二节　组织创造力的启动效应研究

本研究在前文指出，创新导向作为一种主导逻辑就像一个过滤器或棱镜，不但影响决策者对于环境刺激的选择也影响他们对于刺激的解释，在组织的决策选择当中，主要体现为认知与环境的交互作用，即面对不同的环境信息和任务特征，不同的主导逻辑会引导决策者做出不同的选择。在整个创造力活动中，在创意产业，新产品开发是组织开展创造力活动的主要形式，而在整个新产品开发的过程中一个重要的环节就是对于产品开发策略的选择，这也会极大影响后续创造力活动的开展。本研究将进一步深入探讨在创意产业具体的任务特征中，决策者的创新决策选择，即组织创造力活动的启动效应。

一、任务特征

凯夫斯在其著作《创意产业经济学—艺术的商业之道》就曾一针见血的指出，创意产业一大显著特征就在于模糊性，也就是创意产品具有极大的需求模糊性。创意产业生产的产品不再是过去时代的基本的物质性产品，而是体现了精神性、文化性、娱乐性、心理性等方面的主观需求。对于每一个具体的产品来说，存在着时尚潮流、个体偏好、社会环境、文化差异、地域特色等多种不确定因素，因此这些需求有很大的模糊性，从而也大大增加了创意产品的风险。这些由强烈的独创性和主观性色彩带来的模糊性，会给管理者的决策带来很大困难，因为他们不确定对产品的定位是否正确，也难以在这种模糊的条件下去准确估计未来的销售情况。创意产业的高风险特征决定了其赢利的模糊性，创意产业投资回报不稳定，具有较大的波动性，尤其是对于那些极大依赖于无形知识资本的创意企业。模糊性这一特征在本研究前面的案例和访谈研究中也非常明显。欧瑞动漫的赵总就指出，“我们当初在决定打造动漫馆的时候，最大的困境就是不确定这种新型的产业模式能不能获得成功，因为我们既不同于一般的展馆，与传统意义上的科技馆也存在很大的差别，虽然我们也在通过各种途径进行事先的调研，但获取到的信息还是不足以让我们得出一个明确的判断”。

二、理论分析和研究假设

由于实验研究的特殊性，呈现给被试（subject）的信息必须具备简洁性、现实仿真性。就必须对创业机会进行抽象化和形象化，以此作为实验研究的对象。根据以往行为决策所通用的研究范式霍（Ho）等，2002；维斯卡西（Viscusi）和切森（Chesson），1999；刘（Liu），2011），模糊情境下的决策一般都包括两种选项："确定的风险选项"和"模糊的风险选项"。前者指有确定概率分布的风险（如30%机会获益），后者指没有确定概率分布的风险（如15%～45%机会获益）。

为了使本研究能符合这种研究范式，本研究以确定的风险选项等价于沿用或模仿已有的策略的选择，以模糊的风险选项等价于创新策略的选择。从逻辑上推理，两者也是吻合的。由于环境具有极大的模糊特征，即使沿用或模仿已有的策略，也不可避免具有一定的风险，只是在信息比较充足的情况下，能够更加准确地评估这种风险的概率。而当采用创新策略的时候，由于创新过程本身就具有极大的模糊性（里戈蒂（Rigotti）等，2011），再加之产业本身极大的模糊性，必然导致企业无法对可能的风险概率做出较为准确的判断，而只能在有限信息及过去经验的基础上，对风险概率可能的区间给出判断。由于不同行业的情况，以及企业本身所能搜集到的信息以及过去拥有经验程度的不同，对于风险概率区间的判断也会有所不同。当企业能搜集到更多的信息，拥有更多相关的经验或者行业本身的模糊性相对较小的时候，就能够做出相对更小概率区间的风险判断（如25%～35%），从而反映了更低的模糊性，反之则只能做出更大概率区间的风险判断（15%～45%），从而反映了更高的模糊性。

在前文的分析中，本研究已经指出组织创新导向从根本上反映了组织的一种目标取向，表现为进取、富有冒险精神以及高成就导向等特征。纵观现有关于动机目标取向的理论研究，可以发现希金斯（Higgins）（1998）提出的调节聚焦理论（regulatory focus theory）最为具有代表性，也与上述有关组织创新导向的特征最为相似。希金斯（Higgins）指出，代表动机指向的目标类型总体上可以分为：理想型和应该型。理想型目标聚焦于希望、抱负和愿望，而应该型目标则聚焦于责任、职责和义务。对应于上述两种目标，希金斯（Higgins）提出了两种聚焦系统——促进聚焦（promotion focus）和预防聚焦（prevention focus），促进聚焦与成就和发展等积极的目标相关；而预防聚焦则与安全和避免风险等谨慎的目标相关。从逻辑上推论可以认为，当一个企业更加倾向于通过创新来改变现有的市场格局、孜孜不倦地通过探索性的学习来寻求发展以及塑造一种宽松的氛围而不是通过严格的控制手段来推动发展的时候，就会表现出更高的促进聚焦的目标取向；反之则更加倾向于预防聚焦的目标取向。因此，本研究将在希金斯（Higgins）的调节聚焦理论的基础上进行展开。

此外，大量的行为决策领域的研究已经表明，损益框架对于企业的决策有非常重要的影响。因此，本研究将综合考虑“调节聚焦”“损益框架”及“模糊程度”这三个变量来进行实验研究。以下，将分别展开相应的理论分析并提出研究假设。

（一）调节聚焦与决策判断

具有不同调节聚焦的个体会关注不同类型的结果或目标。具有促进聚焦的个体对积极结果是否出现更加敏感，对成就和获益具有更大的渴望，在决策中更多关注最大化积极目标 [克罗（Crowe）和希金斯（Higgins），1997]。他们关注潜在的获益机会并致力于实现它们，因而可能会更加关注事物的积极方面。相反，具有预防调节的个体则对消极的结果是否出现更加敏感，更多聚焦于确保安全和回避风险，在决策中更多关注最小化消极目标。他们更加关注潜在的损失并致力于回避它们，因而可能会更加关注事物的消极方面。促进聚焦的个体更加倾向于将任务视为一个获益的机会，从而采取更加寻求获得积极的结果；而预防聚焦的个体则更加倾向于从规避潜在损失的视角来认知任务，从而采取更加谨慎的方法来避免消极结果的出现 [希金斯（Higgins）等，2001]。

促进聚焦的个体会选择更加冒险和创造力的策略途径，寻求创新和变化，更富创造力；而防御聚焦的个体则更加保守和寻求对现状的维持。相比一个风险决策情境（如70%），模糊的决策情境具有更高的不确定性（如50% ~ 90%），因此模糊情境具有更高的结果两极化可能，即同时具有更高的可能积极结果或更高的可能消极结果。在面对模糊情境的时候，由于促进聚焦的个体更加倾向于最大化可能出现的积极结果并采取更加主动的策略来获取积极的结果，因而会更加关注模糊选项的积极方面从而表现出更多的模糊寻求。相反，由于预防聚焦的个体会更加倾向于最小化可能出现的消极结果并采取更加谨慎的态度来避免消极结果的出现，因而可能会更加关注模糊选项的消极方面从而表现出更高的模糊规避。基于上述分析，本研究提出以下假设：

H5-2-1：在促进聚焦情境中，决策者会更加倾向于模糊寻求；

H5-2-2：在预防聚焦情境中，决策者会更加倾向于模糊规避。

（二）损益框架与决策判断

在企业中对管理者的业绩进行评价常常是基于某个目标或是一个标杆。前景理论[卡尼曼（Kahneman）和特维斯基（Tversky），1979]就指出，人们通常是基于某个参照点（比如绩效标杆）来对决策选项进行评估。在企业决策过程中，决策者总是会将期望绩效（如预期的投资回报率）与目标的抱负水平（aspiration level），即参照点进行比较。如果期望绩效低于参照点，则此种情形会被视为损失情形；而当期望绩效高于参照点时，则会将此种情形视为获益情形。研究发现，当期望绩效高于参照点时，决策者更加关注避免导致绩效低于参照点的选择[霍（Ho）和维拉穆尼奥斯（维拉（Vera）-Munoz），2001]。这类似于 维斯卡西（Viscusi）和切森（Chesson）（1999）提出的恐惧（fear）效应。当期望绩效低于参照点时，决策者会更加关注如何使期望绩效能够高于参照目标。由于确定的情境肯定难以实现高于参照目标的期望绩效，而只有模糊情境中才具有满足上述参照目标的可能性，因此不确定情境更有可能得到决策者的偏好，而不确定情境所具有的潜在风险则可能在一定程度上被忽视。这类似于维斯卡西（Viscusi）和切森（Chesson）（1999）提出的希望（hope）效应。

一些研究在损失情境中研究了模糊结果对决策的影响。奥利弗（Oliver）（1972）研究了模糊结果对于银行家放贷决策的影响。结果发现，那些模糊情境中银行家的放贷意愿更低，说明了模糊规避的发生。库恩（Kuhn）和布代斯库（Budescu）（1996）使用环境问题和健康问题（两者都代表损失情境）的研究发现，无论是模糊概率还是模糊结果都会导致模糊规避。

基于上述分析，本研究推断，在获益情境中，恐惧效应会更加明显，因此决策者会更加偏好于谨慎的选择，通过选择确定的期望绩效概率来规避潜在的风险；而在损失情境中，希望效应则会占据主导，因此决策者会表现出更高的风险偏好，即通过选择模糊的期望绩效概率来寻求潜在的机会。因此，提出以下假设：

H5-2-3：在获益情境中，决策者会更加倾向于模糊规避；

H5-2-4：在损失情境中，决策者会更加倾向于模糊寻求。

（三）模糊程度与决策判断

决策情境的模糊程度对于决策偏好也有很大的影响，相关的许多研究都已经证实随着模糊程度的增加，决策者的模糊规避倾向也会增加。贝克（Becker）和布朗森（Brownson）（1964）使用抓球范式进行的研究发现，随着模糊罐中球数模糊程度的增加，人们倾向于给予更多的付出来模糊球数的罐中进行选择。维斯卡西（Viscusi）和马加特（Magat）（1992）在损失情境中研究了模糊程度对决策偏好的影响，结果发现随着模糊程度的增加人们对于模糊的风险程度感知也会随之增加，但是增加的程度会逐渐减少。柯利（Curley）和耶茨（Yates）（1985）的研究发现，随着高模糊罐中模糊程度的增加，人们会表现出更高的模糊规避倾向。维斯卡西（Viscusi）和切森（Chesson）（1999）发现，随着模糊程度的增加，人们对模糊情境风险程度的感知也会随着增加，也就是模糊程度越高的情境会导致人们产生更高的风险感知。因此，本研究提出以下假设：

H5-2-5模糊程度越高，决策者越倾向于模糊规避；

H5-2-6模糊程度越低，决策者越倾向于模糊寻求。

（四）调节聚焦和损益框架交互作用与决策判断

切尔内夫（Chernev）（2004）指出，调节聚焦会影响人们对于获益情境和损失情境的敏感性，促进聚焦的个体会对获益情境更加敏感，而预防聚焦的个体会对损失情境更加敏感。伊德森（Idson）等（2000）在一项研究中指出，调节聚焦常常会影响人们对结果的评估。促进聚焦的个体常常会将最大化（maximal）结果与获益情境联系起来进行评估；而预防聚焦的个体则常常将最小化（minimal）结果与损失情境联系起来进行评估。从他们的研究结果可以推断出，目标取向会影响个体对于获益/损失情境的敏感性。基于上述推断，切尔内夫（Chernev）（2004）认为，由于预防聚焦的个体更加关注最小化消极的结果，因此会更加关注损失情境；而促进聚焦的个体更加关注最大化积极结果，因此会更加关注获益情境。基于上述分析，本研究认为不同规则聚焦的个体在不同的任务情境中会表现出不同程度的决策偏好，也就是获益情境对于促进聚焦个体的影响更为显著，而损失情境对于预防聚焦个体的影响更为显著。因此，提出以下假设：

H5-2-7 与损失情境相比，在获益情境中，促进聚焦情境下的个体更加倾向于模糊寻求；

H5-2-8 与获益情境相比，在损失情境中，预防聚焦情境下的个体更加倾向于模糊规避。

（五）调节聚焦和模糊程度交互作用与决策判断

在前文分析中本研究指出，具有不同调节聚焦的个体会关注不同类型的结果或目标。促进聚焦的个体在决策中更多关注最大化积极目标以及潜在的获益机会并致力于实现它们，因而更加关注事物的积极方面。而预防调节的个体则更加关注潜在的损失并致力于回避它们，因而更加关注事物的消极方面。因此，在面对模糊情境的时候，由于促进聚焦的个体更加倾向于最大化可能出现的积极结果，从而会更加关注模糊选项的积极方面从而表现出更多的模糊寻求。相反，预防聚焦的个体会更加倾向于采取谨慎的态度来避免消极结果的出现，从而更加关注模糊选项的消极方面而表现出更高的模糊规避。因此，本研究推断在预防聚焦的情境中，随着模糊程度的增加，潜在的损失或消极结果会更大，因而会让个体表现出更多的模糊规避；而在促进聚焦的情境中，随着模糊程度的增加，潜在的获益或积极结果会更明显，相应个体可能就会表现出更多的模糊寻求。因此，提出以下假设：

H5-2-9面对高模糊情境，预防聚焦情境下的个体会表现出更多模糊规避；

H5-2-10面对高模糊情境，促进聚焦情境下的个体会表现出更多模糊寻求。

三、实验设计

（一）实验任务

实验以案例呈现的方式，让被试扮演某新产品研发公司新上任的CEO。决策者将在不同的调节聚焦，不同的损益框架和不同的不确定性程度下，对产品开发策略进行选择。实验有3个自变量：①损益框架：（2个水平：获益框架、损失框架）；②调节聚焦：（2个水平：促进聚焦、预防聚焦）；③模糊程度（2个水平：高模糊程度、低模糊程度）。实验有1个因变量：模糊选择（2个水平：模糊规避、模糊寻求）。上述各水平的操作定义如表5-7所示。

本研究设计了一个16%的投资回报率（ROI）作为决策者进行决策的参照标准，投资回报率高于16%的情境即为获益情境，而投资回报率低于16%的情境则为损失情境。在决策情境（即调节聚焦）的操纵上，本研究将通过情境诱发的方式来启动个体的调节聚焦取向。而在不确定程度的操纵方面，本研究依照维斯卡西（Viscusi）等（1991）的方法，通过提供专家之间相互矛盾的评估来建立模糊情境。这种操纵方法具有更高的外部效度，因为在现实情境中模糊情境常常都是产生于相互冲突的风险信息。而相比之下，抓球游戏等类似的操纵方法则在外部效度方面稍显不足，不能很好地反映现实情境 [维斯卡西（Viscusi）和切森（Chesson），1999]。

表 5–7　实验的变量水平与操作定义

自变量	自变量水平	操作定义
损益框架	获益框架	投资回报率为 18%
	损失框架	投资回报率为 14%
调节聚焦	促进聚焦	假设您刚刚被提拔为 INOVA 公司的 CEO，该公司是一家多元化的产品开发企业，公司目前的第一要务是成长与发展，为股东创造财富增值，实现企业的价值与理想，尤其是近期的宏观政策鼓励投资、区域政策以及经营环境倡导企业快速成长。您感到在投资新项目的时候，应该首先关注识别和抓住好的创业机会，从而获得更大的收益。
	预防聚焦	假设您刚刚被提拔为 INOVA 公司的 CEO，该公司是一家多元化的产品开发企业。INOVA 公司目前的第一要务是稳健与诚信，为股东提供安全可靠的收益。尤其是近期宏观政策银根紧缩、区域政策以及经营环境要求企业稳健经营，尽量降低风险。具体而言就是，识别和防范不良创业风险，避免无谓的损失。您感到新投资项目的风险性是首先需要规避的。
模糊程度	高模糊（获益）	投资回报率为 9% ~ 27%
	高模糊（损失）	投资回报率为 5% ~ 23%
	低模糊（获益）	投资回报率为 15% ~ 21%
	低模糊（损失）	投资回报率为 11% ~ 17%
因变量	因变量水平	定义
模糊选择	模糊规避	选择投资常规项目
	模糊寻求	选择投资新项目

（二）被试和实验设计

本研究的被试为136名MBA在读学员。在实验设计方面，根据自变量的数量及其水平，采用析因设计（factorial design）可以得到8种处理，由于处理的组数并不算太多，为了更高地避免被试内相关产生的干扰，并且给决策者足够的时间进行思考，本实验采用了混合设计（mixed design）的方法，要求一个被试完成1个调节聚焦、1个损益框架和2个不确定程度的决策任务。换言之，被试间设计（between-subject design）的因素包括：损益框架和调节聚焦；而被试内设计（within-subject design）的因素则是任务的不确定程度（如表5-8）。

表5-8 实验结构：实验处理水平与混合设计

操纵变量		刺激变量	处理水平与被试要求	
损益框架	调节聚焦	模糊程度	处理水平	混合设计
获益情境	促进聚焦	高模糊	1	每个被试随机接受2种处理
		低模糊	2	
	预防聚焦	高模糊	3	每个被试随机接受2种处理
		低模糊	4	
损失情境	促进聚焦	高模糊	5	每个被试随机接受2种处理
		低模糊	6	
	预防聚焦	高模糊	7	每个被试随机接受2种处理
		低模糊	8	

实验还专门对被试进行了操纵检验（详见附录）。对调节聚焦的操纵检验是用来了解被试是否真正理解和进入角色。包括两个问题。对模糊程度的操纵检验是为了检验决策者对不同模糊程度信息的感知是否存在差异，包括三个问题。

四、实验结果

（一）操纵检验

对调节聚焦的操纵检验的结果表明，被试都认真阅读了实验材料并很好理解了自己的角色，在不同调节聚焦锚定条件下的被试都做出了正确的选择。对模糊程度的操纵检验结果如下，确定风险的平均值为1.71，高模糊程度的平均值为4.24，低模糊程度的平均值为2.88。方差分析表明三者之间差异显著，事后检验也表明不同的模糊程度之间差异显著，说明高模糊和低模糊的操纵是成功的。

（二）主效应分析

由于决策选择属于二分变量，即寻求模糊（选择模糊风险选项）或规避模糊（选择确定风险选项）。因此在统计分析上就需要用到独立性检验——卡方检验法。根据本研究的统计分析要求，将同时检验决策选择的影响因素和因素之间的交互效应。

表 5-9 实验三个因素的主效应检验结果

调节聚焦	模糊规避	模糊寻求	$\chi 2$	选择率	显著性
1. 促进聚焦	53	85	7.420	61.6%	P=0.006
2. 预防聚焦	88	46	13.164	34.3%	P=0.000
$\chi 2$=20.244，P=0.000，差异显著					
损益框架	模糊规避	模糊寻求	$\chi 2$	选择率	显著性
1. 获益	81	57	4.174	41.3%	P=0.041
2. 损失	60	74	1.463	55.2%	P=0.227
$\chi 2$=5.276，P=0.022，差异显著					
模糊程度	模糊规避	模糊寻求	$\chi 2$	选择率	显著性
1. 高模糊	90	46	14.235	33.8%	P=0.000

续表

调节聚焦	模糊规避	模糊寻求	$\chi 2$	选择率	显著性
2. 低模糊	51	85	8.500	62.5%	P=0.004
$\chi 2$=22.398，P=0.000，差异显著					

* 选择率为模糊寻求的比率

表5-9是经过卡方检验所得到的结果。根据检验结果本研究发现：①调节聚焦的主效应十分明显，说明不同的调节聚焦模式下，决策选择模式存在显著差异。进一步分析可以发现，在促进聚焦的条件下，决策者更多的倾向于模糊寻求（选择率=61.6%）；而在预防聚焦的条件下，决策者更多倾向于模糊规避（选择率=34.3%）。因此，研究假设5-2-1和5-2-2得到验证。②损益框架对于决策偏好的主效应显著，说明不同的认知框架下，模糊情境下的决策选择模式存在差异。相比损失情境，获益情境更容易引起决策选择的模糊规避偏好。进一步分析可以发现，在获益情境中决策者表现出明显的模糊规避偏好（选择率=41.3%）；而在损失情境中决策者并没有表现出明显的决策偏好（选择率=55.2%）。因此，研究假设5-2-3得到验证，而5-2-4未得到验证。③任务模糊程度的主效应也非常明显，与高模糊情境相比，在低模糊情境中，决策者更加倾向于模糊寻求。在低模糊情境中，决策者明显倾向于模糊寻求（选择率=62.5%）；而在高模糊情境中则明显倾向于模糊规避（选择率=33.8%）。因此，研究假设5-2-5和5-2-6得到验证。

（三）综合和配对效应分析

为了进一步反映决策者的判断倾向和特点，本研究又进一步对因素之间的综合和配对效应进行了分析。

表 5–10 调节聚焦和损益框架的综合效应分析

组合	模糊规避	模糊寻求	选择率	χ2	显著性	总体差异性
1. 获益 + 促进	36	36	50%	0.000	1.000	χ2=28.678 P=0.000
2. 获益 + 预防	45	21	31.8%	8.727	0.003	
3. 损失 + 促进	17	49	74.2%	15.515	0.000	
4. 损失 + 预防	43	25	36.8%	4.765	0.029	

* 选择率为模糊寻求的比率

表 5–11 调节聚焦和损益框架的配对效应分析

配对	比率差	χ2	P 值	配对	比率差	χ2	P 值
1–3	–24.2%	8.555	0.003	2–4	–5%	0.364	0.547

* 比率差为模糊寻求的比率之差（前者减去后者）

表5–10是关于调节聚焦和损益框架的综合效应分析（有四种组合形态），χ2检验显示总体差异性非常显著，说明不同的调节聚焦和损益框架组合会对决策选择产生影响。卡方检验表明，在获益情境和促进聚焦的情况下，决策者并未表现出明显的模糊规避或寻求倾向（选择率 =50%）；在获益情境和预防聚焦的情况下，决策者会表现出更多的模糊规避倾向（选择率 =31.8%）；在损失情境和促进聚焦的情况下，决策者会表现出更多的模糊寻求倾向（选择率 =74.2%）；在损失情境和预防聚焦的情况下，决策者会表现出更多的模糊规避倾向（选择率 =36.8%）。

由于本研究关心的问题是损益框架是否会影响调节聚焦对于决策判断的影响，因此分别将组合1和3以及组合2和4进行了配对检验。结果表明，损益框架显著改变了促进聚焦对于决策判断的影响，但没有改变预防聚焦对于决策判断的影响。损失框架下的促进聚焦更容易导致模糊寻求，而无论在什么框架下，预防聚焦都会导致模糊规避。因此，研究假设 H5-2-7得到验证，研究假设 H5-2-8未得到验证。

表 5-12 调节聚焦和模糊程度的综合效应分析

组合	模糊规避	模糊寻求	选择率	χ2	显著性	总体差异性
1. 促进＋高模	37	32	46.4%	0.362	0.547	χ2=42.729 P=0.000
2. 促进＋低模	16	53	76.8%	19.841	0.000	
3. 预防＋高模	53	14	20.9%	22.701	0.000	
4. 预防＋低模	35	32	47.8%	0.134	0.714	

表 5-13 调节聚焦和模糊程度的配对效应分析

配对	比率差	χ2	P 值	配对	比率差	χ2	P 值
1-2	-30. 4%	13. 509	0. 000	3-4	-26. 9%	10. 725	0. 001

表5-12是关于调节聚焦和模糊程度的综合效应分析（有四种组合形态），χ2检验显示总体差异性非常显著，说明不同的调节聚焦和模糊程度组合会对决策选择产生影响。卡方检验表明，在促进聚焦和高模糊程度的情况下，决策者并未表现出明显的模糊规避或寻求倾向（选择率 =54.7%）；在促进聚焦和低模糊程度的情况下，决策者表现出明显的模糊寻求倾向（选择率 =76.8%）；在预防聚焦和高模糊程度的情况下，决策者表现出明显的模糊规避倾向（选择率 =20.9%）；在预防聚焦和低模糊程度的情况下，决策者并未表现出明显的模糊规避或寻求倾向（选择率 =47.8%）。

由于本研究关心的问题是模糊程度是否会影响调节聚焦对于决策判断的影响，因此分别将组合1和2以及组合3和4进行了配对检验。结果表明，模糊程度会显著改变调节聚焦对于决策判断的影响。从高模糊到低模糊转变时，促进聚焦的个体明显从中性偏好向模糊寻求转变，而预防聚焦的个体则明显从模糊规避向中性偏好转变。因此，研究假设H5-2-9得到验证，研究假设H5-2-10未得到验证。

（四）全貌分析

为了更清晰地反映决策者的选择情况，表5-14将4个因素、8个处理的选择信息做了一个全貌列表。

表5-14 模糊决策全貌列表

序号	处理	模糊规避	模糊寻求	选择率	χ^2	模糊偏好
1	促进聚焦 + 获益 + 高模糊	27	9	25%	0.003	规避
2	促进聚焦 + 获益 + 低模糊	9	27	75%	0.003	寻求
3	预防聚焦 + 获益 + 高模糊	27	6	18.1%	0.000	规避
4	预防聚焦 + 获益 + 低模糊	18	15	45.5%	0.602	中性
5	促进聚焦 + 损失 + 高模糊	10	23	69.7%	0.024	寻求
6	促进聚焦 + 损失 + 低模糊	7	26	78.8%	0.001	寻求
7	预防聚焦 + 损失 + 高模糊	26	8	23.5%	0.002	规避
8	预防聚焦 + 损失 + 低模糊	17	17	50%	1.000	中性

按照选择率的高低以及显著性水平，本研究将8种处理分为三类：第一类为组合1、3、7，其特征为0% ~ 30%的选择率以及明显的模糊规避偏好；第二类为组合4和8，其特征为40% ~ 60%的选择率以及没有明显的模糊偏好；第三类组合为2、5、6，其特征为60% ~ 90%的选择率以及明显的模糊寻求偏好。

五、研究小结

在本节的研究中，本研究通过2*2*2的组间组内混合设计探讨了调节聚焦、损益框架和模糊程度以及这些因素之间的交互作用对模糊决策的影响。研究结果发现，调节聚焦、损益框架和模糊程度的主效应基本都很明显（除了损失框架），而损益框架以及模糊程度都会在一定程度上调节调节聚焦对于决策选择的影响。研究假设及结果小结如表5-15。

表5-15　本节研究假设结果小结

假设序号	假设内容	结果
H5-2-1	在促进聚焦情境中，决策者会更加倾向于模糊寻求	支持
H5-2-2	在预防聚焦情境中，决策者会更加倾向于模糊规避	支持
H5-2-3	在获益情境中，决策者会更加倾向于模糊规避	支持
H5-2-4	在损失情境中，决策者会更加倾向于模糊寻求	不支持
H5-2-5	模糊程度越高，决策者越倾向于规避模糊	支持
H5-2-6	模糊程度越低，决策者越倾向于寻求模糊	支持
H5-2-7	与损失情境相比，在获益情境中，促进聚焦情境下的个体更加倾向于模糊寻求	支持
H5-2-8	与获益情境相比，在损失情境中，预防聚焦情境下的个体更加倾向于模糊规避	不支持
H5-2-9	面对高模糊情境，预防聚焦情境下的个体会表现出更多模糊规避	支持
H5-2-10	面对高模糊情境，促进聚焦情境下的个体会表现出更多模糊寻求	不支持

第三节　第五章研究小结

总体上讲，本章研究的目的在于回答一个关键性的问题：组织创造力行动的触发机制是什么。本文将上述问题剖解为两个小问题，即驱动效应和启动效应，并分别采用不同的研究范式对这两个问题进行了探讨。

在驱动效应方面的研究结果发现，“创新引领”同时对组织创造力过程中的“洞察识别”和“惯例反思”产生驱动作用，“学习承诺”同时对“洞察识别”“多元吸收”“互动激发”及“行动尝试”都具有驱动作用，“氛围塑造”则对“多元吸收”和“互动激发”具有驱动作用。上述结果表明，组织创新导向的三个维度对于驱动组织创造力行动的开展都是必不可少的要素。

首先，在前文的研究中本研究已经指出，在创造力过程中对于问题的重新界定通常是最为关键的首要一步。然而由于受到过去行动脚本的影响，最初的问题框架往往受限于组织过去的经历，同时突破已有的框架所带来的各种不确定性和风险性也使得许多企业宁愿选择更加保守的经营方式。“创新引领”反映了组织一种试图突破现行行业范式并树立新的市场规则的战略取向，正是在这样一种价值理念的驱动下，组织才会更加大胆主动地去寻求突破并面对各种随之产生的不确定性。问卷研究清晰地展示了“创新引领”维度与创造力过程中问题设定阶段的对应关系，而在实验研究中本研究也发现，具有促进聚焦取向的决策者在面对不确定性的时候有更高的意愿寻求不确定。

然而，仅仅具有创新引领的价值取向还不足以推动整个创造力过程的开展，本研究在前文理论分析中指出，创造力过程的开展离不开知识的吸收重组以及持续的行动调整。过去的研究已经证实了组织学习中的认知和行动要素。本节的研究结果表明，对于学习的承诺态度对上述过程都会产生非常显著的影响，其中认知要素主要体现为对于多样化知识的获取以及促进内部知识的共享和碰撞，而行动要素则更多体现在推动组织不断的进行大胆的尝试并根据反馈对原有的假设进行及时的修正。此外，研究结果也表明，重视学习的组织在不断对未来进行前瞻性的预想方面也表现得非常明显。然而“学习承诺”维度对于“惯例反思”的推动并不明显，过去的研究表明“反思”是组织学习一个非常重要的要素，笔者认为这其中的原因可能在于，组织学习中常用的反思主要是指对经历的一种总结和提炼，而本研究中的反思则更多意味着对过去的质疑和突破。

另外，本研究结果表明，“氛围塑造”对于组织创造力过程的驱动作用主要体现在对于知识的获取以及互动中激发新知识的产生。本研究将氛围界定为一种宽松、充满活力且能够包容不同意见的工作环境，在这样的工作环境中组织成员更加倾向于获取各种多样化的知识并且愿意与他人分享和讨论新的想法。但氛围塑造这一维度对开展实际的行动尝试并未产生驱动作用，其中的原因可能在于行动的开展还需要具体资源的支持，因此只有在某些情境中两者才有可能相关，这也是以后研究可以关注的一个问题。

在驱动效应的基础上，本研究进一步对启动效应进行了研究。开展该子研究的目的主要在于：①本研究是选择创意产业作为研究样本，因此在研究创造力活动的时候，必然要将创意产业的任务特征背景纳入考量之中；②目前国内的创意产业中，大多企业的创造力活动都是体现在新产品或新业务的开发之中，创新过程基本都是一种自上而下的模式，即由管理层首先确定了基本的产品开发策略（比如模仿或自主研发）的基础上，才会启动后续的产品 / 业务开发过程。因此，对于启动效应的研究将会使得对组织创造力驱动因素的研究更加系统和完整。

本章采用了实验研究的范式来开展有关启动效应的研究，从研究结果来看，只有在“促进聚焦+损失框架”以及“促进聚焦+获益+低模糊程度”的组合下，决策者才会表现出模糊寻求的倾向。基于本文前述的研究假设分析，对这一结果进行解读可以认为，虽然具有创新导向的组织总体上更倾向于采用创造力的开发策略，但是这种关系只有在当组织面临可能的损失，以及在模糊程度处于一定限度的情况下才可能更加明显。

第六章　组织创造力绩效机制研究

研究目的

置身于一个变革的时代，许多学者都强调了组织创造力对于组织创新能力以及竞争优势获取的重要性。尤其是对于创意产业的企业，创造力是一种内生的必然要求，无论是从直观上感觉还是从逻辑上进行推论，都可以认为，组织创造力与组织绩效之间存在某种关系。然而在前述的文献回顾中，本文就已经指出，目前有关组织创造力与组织绩效之间的研究多采用的是定性分析、推理及案例研究，缺乏定量和实证研究。其中的主要原因就在于对于创造力的定义还是更多局限于结果视角，因而研究也多聚焦于探讨影响个体和团队创造力的前因变量。

在第四章中，本书从过程的视角对组织创造力的特征维度进行了分析和研究，指出组织创造力根源于个人创造力但又不同于个人创造力，它是一个更为复杂和基于多方协调的系统工程。在随后的研究中本书通过实证研究验证了组织创造力的维度结构，从而使得从实证的角度探讨组织创造力对组织绩效的影响具备了条件。因此，本研究期望对组织创造力及组织绩效之间的关系进行检验，并在此基础上进一步对其中的黑箱进行探讨，即组织创造力与组织绩效之间是直接的影响关系，还是存在某些中介机制。

此外，组织创造力是一个任务导向的集体行动过程，必然会受到任务特征的影响。在创意企业中对创意人员进行管理的挑战在于商业和艺术这一双重目标所带来的困境，商业目标更多针对指向效率和效益的利用式开发（exploitation），而艺术目标指向不确定和不限于经济结果的探索式开发（exploration）。从上述表述不难发现，同时作为创造力主体以及经济主体的创意企业，在行动过程中必然面对着看似相悖的目标诉求。因此，本研究试图回答的第二个问题就是，这种任务特征是否会对组织的创造力结果产生影响，以及什么因素可以更好地缓冲这种影响。

第一节　组织创造力的转化效应研究

本子研究的目的在于回答组织创造力是否以及如何影响企业的绩效。

一、理论分析和研究假设

（一）组织绩效指标的选取

由于创意产业在国内还是一个新兴产业，大多数企业基本上都还处于创业发展的阶段，因此本研究对于绩效指标的选取参考了有关创业绩效的研究。使用单一的绩效指标难以全面反应组织的经营状况。在以往的创业研究中，比较多的采用生存绩效、创新绩效、经营绩效为研究效标。丁岳枫（2006）指出，新业务在成长过程中会碰到很多的意想不到的困难，这些问题和困难在当前状态下无法估计和预测。"是否能够持续经营"实际上反映的是创业者的主观效能感，而不能反映出企业的实际绩效状况。因此对于生存绩效测量的最好方法是采用纵向数据，而在横切面研究中，不适合采取这样的指标。

因此，本研究选择创新绩效和经营绩效这两个指标来作为对组织绩效的反映。创新绩效指标反映了企业在新产品开发或新业务拓展方面的成效；经营绩效指标则反映了创业企业经营和发展的状况。

（二）组织创造力和组织绩效

创造力和学习之间存在着非常紧密的联系。埃斯基尔森（Eskildsen）等（1999）认为，创造力与激发性学习（generative learning）密切相关，从本质上讲创造力就是一个新知识激发的过程。洪（Koh）（2000）的研究发现，创造力是组织学习和知识创新中的核心要素，随着组织学习的形式从简单（如单环学习）向高级（如反思学习、双环学习）演进以及知识管理从知识开发（exploitation）向知识创新（creation）演进的过程中，组织创造力的作用愈发突出。

探索式学习的本质在于帮助组织创造足够的内部变异（variance）来推动变革和适应快速变化的复杂环境，而创造力的作用正是在于其对组织生成内部变异的能力的影响。福特（Ford）（1996）指出，组织需要通过产生和尝试各种变异来进行学习，而组织创造力对于组织学习的促进作用就在于，创造力为学习提供了足够的内部变异，从而帮助组织更好地适应外部的环境变异。卢普金（Lumpkin）和利希滕施泰因（Lichtenstein）（2005）指出，整个创造力过程交织着认知学习、行为学习和行动学习，创造力越高的组织最终越有可能识别更多的机会。

伊姆（Im）和沃克曼（Workman）（2004）指出，有关新产品开发的研究发现，通过给新产品赋予新的并且有意义的特性，创造力能够为新产品提供独特的竞争优势。能够提供这种产品特征的创造力公司能够更好地满足市场的独特需求，创造力是新产品开发获得成功以及组织创新绩效获得提升的关键影响因素。巴拉德瓦杰（Bharadwaj）和梅农（Menon）（2000）的研究发现，员工的创造力以及支持创造力的组织氛围都对组织的创新绩效有显著的影响。伍德赛德（Woodside）（2005）的研究也证实了组织创新性（innovativeness）对企业经营绩效有显著正向影响。

基于上述分析，本研究提出以下假设：

H6-1-1：组织创造力对组织创新绩效有显著正向影响；

H6-1-2：组织创造力对组织经营绩效有显著正向影响。

（三）动态能力和组织绩效

企业的创新资源并不会直接转化为创新绩效，这种转化需要企业有效地运用动态能力才能实现。温特（Winter）（2003）指出，动态能力可以为技术创新创造必要的环境；新产品的成功开发有赖于技术能力与市场能力的整合，而这种整合的有效实现需要依靠动态能力。从系统视角出发，奥康纳（O' Connor）2008）探讨了动态能力与颠覆性创新的关系。她认为，企业开展颠覆性创新需要建立基于动态能力的管理系统，而该系统的建立需要满足系统理论的若干标准。埃洛宁（Ellonen）等（2009）基于出版业的案例研究表明，动态能力较强的企业会对技术维度或市场维度的现有能力与其他维度的新能力进行整合，从而推动颠覆性和渐进性创新活动的开展。

动态能力与组织绩效的积极关系已得到了许多研究者的验证。例如，佐特（Zott）（2003）研究探析了企业动态能力对不同绩效水平表现的影响，即使动态能力存在非常细微的初始差异，都可能导致绩效水平的显著不同。博尔奇（Borch）和麦德森（Madsen）（2007）的实证研究发现这些动态能力与企业创新战略具有显著的正向影响关系，会促进其内部的创新与企业的持续成长。帕夫洛（Pavlou）和萨维（Sawy）（2006）探讨了在环境变量的影响下，信息技术能力、动态能力、战略和环境匹配的一致性和竞争优势之间的关系。研究发现动态能力一方面可以直接对竞争优势产生影响，另一方面通过影响战略和环境匹配的一致性，最终提升企业的竞争优势。

基于上述分析，本研究提出以下假设：

H6-1-3：动态能力对组织创新绩效有显著正向影响；

H6-1-4：动态能力对组织经营绩效有显著正向影响。

（四）组织创造力和动态能力

蒂斯（Teece）等（1997）强调，动态能力的发展必须以学习过程为基础。组织学习对动态能力的影响机制在于组织学习推动了组织知识的演进过程，而组织知识的演进过程则反映了动态能力的本质特征。卢启程（2008）认为，企业之所以要改变自身的能力，是因为隐藏在能力背后的知识不再适合环境的变化。企业改变能力的过程就是企业追寻新知识的过程，改变能力的结果是企业建立了一套新的知识结构。

纳尔逊（Nelson）和温特（Winter）（1982）认为，知识学习，尤其是有意识的学习可以系统地建立和改进组织的经营惯例，推动动态能力的形成和进化。企业动态能力形成从根本上是组织记忆系统的更新过程，组织记忆系统转变就是破除旧的知识分布结构和知识演进路径，构建一套新的知识结构与演进体系。龚一萍（2010）指出，企业动态能力是一种不断更新自身的能力，它的形成与构建实质上是一个“创造力破坏”过程，其构建有两个基本点：一是“破坏”，破除企业自身阻碍其能力更新发展的各种障碍；二是“创造”，企业创建一种新的能力。

普列托（Prieto）等（2009）的研究发现，情境因素如自主性、社会支持、信任等对动态能力有显著影响，而过去的研究已经表明这些因素都是创造力组织所具有的明显特征。基于上述理论分析和前述有关组织创造力的分析，本研究认为，组织创造力正是通过实现了知识的激发、整合和重构等过程，从而对组织的创新绩效和经营绩效产生影响，因此提出以下假设：

H6-1-5：组织创造力对动态能力有显著正向影响；

H6-1-6：动态能力在组织创造力和组织创新绩效之间起中介作用；

H6-1-7：动态能力在组织创造力和组织经营绩效之间起中介作用。

二、研究方法

（一）研究样本

参考研究第五章第二节。

（二）测量设计

本研究中使用的组织创造力量表来自研究3.3中开发的组织创造力量表，其中共包括5个维度和17个题项。动态能力测量工具来自普列托（Prieto）等（2009）开发的基于知识的动态能力量表，共包括知识激发（knowledge generation）、知识整合（knowledge integration）和知识重构（knowledge reconfiguration）3个维度，每个维度各包含3个题项，共计9个题项。

组织绩效测量分为创新绩效测量和经营绩效测量。

创新绩效反映了企业在新产品开发或新业务拓展方面的成效。

借鉴已有的研究 [劳尔森（Laursen）和 萨尔特（Salter）, 2006; 丁岳枫 , 2006]，本研究中采用三个指标对创新绩效进行测量：①新产品 / 新业务的开发数量；②新产品 / 新业务的创新程度；③业务 / 产品创新的成功率。虽然创意产业企业的创新活动大多是围绕新产品开发进行，但也有一些创新更多属于业务方面的创新，因此本研究中也使用了“新业务”的说法，代表新市场的开拓、新的生产方式的使用等（丁岳枫，2006）。让企业与同行竞争对手进行比较，给出相应竞争对手的评估。采用李克特7点量表。

经营绩效反映创业企业经营和发展状况。根据墨菲（Murphy）（1996）的研究，本研究选取了3个成长性的指标和1个整体竞争力判断指标来测量企业的经营绩效，包括：①公司的整体竞争能力；②公司的市场份额增长情况；③公司的规模增长情况；④公司的市场声誉情况。让企业与同行竞争对手进行比较，给出相对于竞争对手的评分。采用李克特7点量表。

与前文相似，创造力量表由熟悉且多次全程参与项目的资深管理者来填写，而动态能力和绩效量表则由创始人或实际负责人填写。

（三）统计方法

本研究采用因素分析对测量工具进行信度和效度检验，并运用相关分析和层次回归的方法对研究假设进行检验。

三、研究结果

（一）问卷测量的信度和效度检验

1. 动态能力的信度和效度检验

在分析之前，首先对样本数据进行了 KMO 样本充分性和 Bartlett 球形检验。KMO 是判定数据是否适合作因素分析的检测指标，分析结果表明，本次取样的KMO值为0.781，表明适合进行因素分析。同时，Bartlett球体检验的显著性水平小于0.001，拒绝了相关系数矩阵为单位矩阵的零假设。本研究的探索性因素分析采用了主成分法提取因素，使用正交转轴方法。因素个数采用凯泽标准，即选择特征值大于1的因素。探索性因素分析结果如表6-1所示。

表6-1 动态能力探索性因素分析结果

测量题项	F1	F2	F3
我们在新产品开发过程中产生了很多新颖、有用的想法	.118	.797	.185
我们在解决顾客不满意的产品问题方面做得非常出色	.213	.887	.137
我们有效利用了新的知识、方法和发明	.331	.689	.126
我们能够对已有的做事方式与新的做事方式进行整合	.820	.302	.117
我们能够把从组织其他领域积累的经验应用到实践中	.860	.204	.149
我们能够识别有价值的知识要素、关系，并对它们进行整合	.809	.145	.196
我们能把知识扩散到整个组织	.184	.164	.807
我们能够取代过时的知识	.262	.196	.688
我们引入超越现有产品或服务已有性能的改进	.024	.084	.894
变异解释量（%）	23.12	25.24	24.74
α 系数	.79	.85	.77

从动态能力量表的9个题项中抽取出3个因素，这些因素累计解释了73.1%的变异。根据已有的研究以及各个因素中测量题项的内容，本研究将这些因素命名为：F1-知识整合（knowledge integration），指能够识别已有知识的价值，并将其与新知识进行整合，从而形成新的能力，其解释了总体变异的23.12%。F2-知识激发（knowledge generation），指对已有的显性和隐性知识的内容进行发展和有效利用，从而产生新的知识，其解释了总体变异的

25.24%。F3- 知识重构，指能够识别环境变化所提出的新要求，对过时的知识进行重组和替代，并最终将其扩散到整个组织，其解释了总体变异的24.74%。因素分析提取的各个维度的 α 系数均高于0.77。因此，可以认为该量表具有良好的信度和效度。

2. 组织绩效的信度和效度检验

在分析之前，首先对样本数据进行了 KMO 样本充分性和 Bartlett 球形检验。分析结果表明，本次取样的 KMO 值为0.802，表明适合进行因素分析。同时，Bartlett 球体检验的显著性水平小于0.001，拒绝了相关系数矩阵为单位矩阵的零假设。本研究的探索性因素分析采用了主成分法提取因素，使用正交转轴方法。因素个数采用凯泽标准，即选择特征值大于1的因素。探索性因素分析结果如表6–2所示。

表6–2 组织绩效探索性因素分析结果

测量题项	F1	F2
新产品 / 新业务的开发数量较多	.245	.853
新产品 / 新业务的创新程度较高	.134	.843
业务 / 产品创新的成功率较高	.099	.843
公司的整体竞争能力较强	.811	.140
公司的市场份额增长比较快	.835	.182
公司的规模增长比较快	.873	.095
公司塑造了比较好的市场声誉	.759	.181
变异解释量（%）	41.59	30.51
α 系数	.83	.86

从组织绩效量表的7个题项中抽取出2个因素，这些因素累计解释了72.1% 的变异。根据已有的研究以及各个因素中测量题项的内

容，本研究将这两个因素分别命名为：F1- 经营绩效，反映了创业企业经营和发展状况，其解释了总体变异的41.59%。F2- 创新绩效，反映了企业在新产品开发或新业务拓展方面的成效，其解释了总体变异的30.51%。F 因素分析提取的各个维度的 α 系数均高于0.80。因此，可以认为该量表具有良好的信度和效度。

（二）主要研究变量的描述统计

各变量维度的平均值、标准差及两两间相关关系如表6-3所示。

表6-3 各变量维度描述性统计分析

	M	Sd	1	2	3
1. 组织创造力	5.07	.67			
2. 动态能力	5.09	.78	.398**		
3. 创新绩效	5.04	.84	.282**	.305**	
4. 成长绩效	4.85	.85	.256**	.340**	.357**

*= P <.05，**= P <.01，相关系数基于双尾检验

为了验证相关的研究假设，本研究首先对组织创造力变量、动态能力变量以及组织绩效变量各个维度之间进行了相关性分析。结果表明，各维度之间都存在显著的正相关关系，这一结果为研究假设的验证奠定了进一步分析的基础。

（三）组织创造力对组织绩效的影响及动态能力的中介机制研究

在以下的统计分析中，本研究主要回答两个方面的问题：①组织创造力对组织绩效（创新绩效和成长绩效）会产生怎样的影响；②动态能力在组织创造力与组织绩效之间是否起着中介变量的作用。

对于变量中介作用的判定，一般都采用巴龙（Baron）和肯尼（Kenny）（1986）所提出的检验程序进行。第一步，中介变量对自

变量进行回归；第二步，因变量对自变量进行回归；第三步，因变量对中介变量进行回归，回归系数应该显著。第四步，当自变量与中介变量一起进入回归方程，如果此时中介变量对因变量的影响仍然显著，自变量对因变量的影响变成不显著，则为完全中介效应，自变量对因变量的影响显著削弱，则为部分中介效应；如果此时中介变量对因变量的影响完全不显著，则无中介效应。由于自变量间具有适度相关，为了考察回归分析中的多重共线性影响，研究者通过 VIF 诊断模型多重共线性是否在容忍度之内。此外，本研究选取了企业性质、成立时间及人员规模这三个指标作为控制变量。

表 6-4　组织创造力、动态能力和创新绩效的关系检验

变量	因变量：动态能力	因变量：创新绩效		
	Model1	Model2	Model3	Model4
	标准化 β	标准化 β	标准化 β	标准化 β
控制变量				
企业性质	-.109	.106	.109	.132
成立时间	.106	.086	.045	.061
人员规模	.055	-.049	-.065	-.062
自变量				
组织创造力	.407**	.280**		.182*
动态能力			.314**	.239**
调整后的 R2	.157	.072	.092	.114
F 值	7.418	3.695	4.507	4.533
F 显著性	.000	.007	.002	.001
VIF 最大值	1.068	1.068	1.086	1.221

*=P<0.05，**=P<0.01

从表6-4中可以看到，在模型1中，在控制了企业性质、成立时间和人员规模的情况下，组织创造力对动态能力的标准化回归系数为0.407，P<0.01，回归系数显著，说明组织创造力对于动态能力有显著的正向影响，研究假设H6-5得到验证。同样在模型2和模型3中，在控制了企业性质、成立时间和人员规模的情况下，组织创造力和动态能力对组织创新绩效的标准化回归系数分别为0.280和0.314，P<0.01，回归系数显著，说明组织创造力和动态能力对组织创新绩效都有显著的正向影响，研究假设H6-1和H6-3得到验证。在模型4中，当引入动态能力以后，组织创造力对于组织创新绩效的回归系数影响显著变小，说明此时组织创造力对于组织创新绩效的影响显著降低，说明动态能力在组织创造力和组织创新绩效之间起着部分中介的作用，研究假设H6-6得到部分验证。此外，所有模型自变量的VIF值最大值都远小于临界值10[奈特（Neter）等，1990]，因此不存在严重的多重共线性问题。

表6-5 组织创造力、动态能力和经营绩效的关系检验

变量	因变量：动态能力	因变量：经营绩效		
	Model1	Model2	Model3	Model4
	标准化 β	标准化 β	标准化 β	标准化 β
控制变量				
企业性质	-.109	-.024	.021	.008
成立时间	.106	.043	.001	.013
人员规模	.055	-.072	-.090	-.088
自变量				
组织创造力	.407**	.259*		.142
动态能力			.347**	.289**

续表

变量	因变量：动态能力	因变量：经营绩效		
	Model1	Model2	Model3	Model4
	标准化 β	标准化 β	标准化 β	标准化 β
调整后的 R2	.157	.044	.097	.108
F 值	7.418	2.597	4.720	4.334
F 显著性	.000	.039	.001	.001
VIF 最大值	1.068	1.083	1.086	1.221

*=P<0.05，**=P<0.01

从表6-5中可以看到，在模型2和模型3中，在控制了企业性质、成立时间和人员规模的情况下，组织创造力和动态能力对组织经营绩效的标准化回归系数分别为0.259和0.347，P<0.01，回归系数显著，说明组织创造力和动态能力对组织经营绩效都有显著的正向影响，研究假设 H6-2和 H6-4得到验证。在模型4中，当引入动态能力以后，组织创造力对于组织创新绩效的回归系数影响显著变小，影响效应不再显著，说明动态能力在组织创造力和组织创新绩效之间起着完全中介的作用，研究假设 H6-7得到部分验证。此外，所有模型自变量的 VIF 值最大值都远小于临界值10[奈特（Neter）等，1990]，因此可以认为不存在严重的多重共线性问题。

四、研究小结

在本节研究中，本书探讨了组织创造力与组织绩效（创新绩效和经营绩效）的关系，并对其中的影响机制进行了实证研究。结果发现，组织创造力对创新绩效和经营绩效都有显著的影响，此外动态能力在组织创造力与创新绩效之间起了部分中介的作用，而在组织创造力与经营绩效之间则起着完全中介的作用。研究假设及结果小结如表6-6。

表6-6 本节研究假设结果小结

假设序号	假设内容	结果
H6-1-1	组织创造力对组织创新绩效有显著正向影响	支持
H6-1-2	组织创造力对组织经营绩效有显著正向影响	支持
H6-1-3	动态能力对组织创新绩效有显著正向影响	支持
H6-1-4	动态能力对组织经营绩效有显著正向影响	支持
H6-1-5	组织创造力对动态能力有显著正向影响	支持
H6-1-6	动态能力在组织创造力和组织创新绩效之间起中介作用	部分支持
H6-1-7	动态能力在组织创造力和组织经营绩效之间起中介作用	支持

第二节 组织创造力的强化效应研究

组织创造力本质上是嵌入于创新任务中的行动策略集合，因此任务特征必然会对组织创造力的成效产生影响。在上一节的子研究一中，研究者通过实证研究证实了组织创造力对于创意产业中企业的组织创新绩效有正向影响。然而，研究结果并没有直接回答创意产业具体的任务特征会对创造力过程的成效产生什么影响，以及在其中是否具有一些因素会强化（会削弱）上述影响。这正是本研究试图回答的一个问题。

一、任务特征

在文化创意领域，持续创新和产生新产品形式的要求与商业化和市场化之间的冲突和矛盾比任何其他产业都更加明显[德菲利皮（DeFillippi）等，1007]。在文化创意领域对创意人员管理的挑战之一在于，他们的目标设置在商业和艺术之间存在一种冲突和矛盾，商业目标更多的是与效率和经济效益的开发性活动（exploitation）相关；而艺术则更多与充满不确定性以及不限于经济目标的探索性活动（exploration）相关。组织创造力的管理常常充满着各种冲突和对立[德菲利皮（DeFillippi）等，1007]，组织员工需要对各种看似相互矛盾的要求和事物进行整合，如新产品开发者在尝试提出各种新的创意时就不得不面对要同时考虑成本和遵循一些具体细则和流程的约束[刘易斯（Lewis），2000]。

那么如何解决上述创造力管理中的双重目标问题呢？有关组织双栖（ambidexterity）的研究为上述问题的解答提供了一个视角。斯佩克托尔（Spektor）（2011）最近一项有关创造力的研究则表明，双栖同样可以存在于认知层面。思维的双栖（logical ambidexterity）能帮助组织员工的管理者从不同的角度来审视问题，以及接受相互对立冲突的假设。这种对问题的思考模式有助于产生更大范围的想法和意见，从而可能产生更多的创造力和有效地解决方案。因此，本研究将从认知和双栖的视角切入，探讨组织在面对双重目标（创造力目标和可行性目标）时如何更好激发创造力的问题。

二、理论分析和研究假设

对立框架（paradoxical frame）指个体在认知层面对相互冲突的要素进行的整合（juxtaposition），即承认和接受这些对立冲突，而不是回避或否认。这种对立框架体现了一种“兼而有之（both…and）”而不是“或者……或者（either…or）”的认知逻辑[柯林斯

(Collins)和波拉斯(Porras), 1997]。

对立框架能够帮助个体发现隐藏于对立事物背后的联结从而产生新的框架和想法[刘易斯(Lewis), 2000]。斯佩克托尔(Spektor)(2011)也将对立框架定义为个体用以识别那些看似对立矛盾的事物时所采用的认知模板。对立认知框架能帮助个体在识别事物之间内在冲突的同时，也能理解他们之间潜在的联结。对立框架能够激发个体对于对立事物的深入探索，从而在看似对立的冲突之间找到新的联结从而产生新的问题解决途径[德菲利皮(DeFillippi)等, 2007]。

对立框架会影响个体对情境的理解、对信息的搜索以及决策判断[史密斯(Smith)和塔什曼(Tushman), 2005]。与“或者……或者”框架相比，“兼而有之”的框架有助于同时将对立的事物纳入认知思维中，从而扩展了注意的广度以及通过与各种不同要素相关的知识而增加知识获得的广度。注意广度和多元化知识广度的增加都能够引起更高的认知灵活性，从而在各种不同的要素之间找到新的联结[米隆(Miron)等，2011]。对立框架中相互对立的元素会使个体感觉自己处于一个非常规的情境中，从而有助于个体将那些通常被视为对立冲突的元素进行有效地整合[史密斯(Smith)和塔什曼(Tushman), 2005]。米隆(Miron)等(2011)的实验研究发现，对立框架的锚定效应能够引起更高的创造力，即采用对立框架的个体相比其他没有采用对立框架的个体表现出更高的创造力。

在团队互动中，上述对立框架对创造力的积极影响效应可能会更加明显，因为团队成员的互动会让个体有机会接触到更多异质性甚至相互对立的想法，能够有更多的机会从不同的视角来考虑同一个问题，从而在更大的范围上促进了创造力想法的产生。与个体相比，团队在解决那些需要同时满足多种要求或冲突目标的复杂任务时具有更大的优势。多重任务目标使得个体常常会由于关注于其中的某些目标而忽视了其他的目标。而且个体也更难于在不同的目标之间进行切换 [古普塔（Gupta）等，2006]。相比之下，通过角色或者目标的分解或分配，团队则能更加容易地处理上述问题，从而更少受到限制 [史密斯（Smith）和塔什曼（Tushman）, 2005]。

H6-2-1：锚定了对立框架的团队会具有更高的创造力。

目标作为一种参照标准，能够指引个体注意和努力的方向。莎莉（Shalley）（1991）发现，与没有设置创造力目标的情形相比，设置创造力的目标（具体复杂或尽力）都会显著提高创造力表现。研究还发现，当同时设定创造力目标和效率（productivity）目标时，并不会削弱最后的创造力或效率，即同时提高了个体的创造力和效率。莎莉（Shalley）（1991）认为，这可能是因为这两种目标之间并不存在冲突，因此个体可以同时使用两种目标作为标准来分配自己的注意和努力。

贡卡洛（Goncalo）和斯托（Staw）（2006）认为，当给团队设置一个可行性目标的时候，团队的创造力程度可能会被减弱。由于缺乏发散性，可行性常常会导致创造力的损失 [柯顿（Kirton），1976]，此外可行的想法更多的时候是反映了对他人想法的延续。奥哈拉（O'Hara）和斯顿伯格（Sternberg）（2001）的研究也发现，创造力目标或者可行性目标会产生不同的结果，说明这两种目标会起到不同的引导作用。面对这些对立冲突的工作任务时，人们常常会产生一些恐惧和抵御的消极情绪，从而倾向于关注其中一种要求而忽视另一种要求 [刘易斯（Lewis）, 2000]。

目标冲突会降低个体对其中任一目标的承诺度 [洛克（Locke）

和莱瑟姆（Latham），1990]。埃雷兹（Erez）等（1990）的研究发现，当要求被试增加两个任务中其中一个的时候，另一个任务的绩效就会被降低。研究结果表明，目标冲突会使得其中一个目标在得到强化的同时降低了对另一个目标的承诺。多重任务目标会增加个体的角色冲突感、角色模糊以及压力感[埃姆斯利（Emsley），2003]，而这些因素都会对创造力产生消极影响[莎莉（Shalley）和周（Zhou），2004]。

对立框架将个体的注意从竞争性思维转移到互补性思维，从而使得个体能够接受相互对立的事物并且找到有效地途径来整合多重任务目标。对立框架可能会影响个体卷入创造力任务的动机，以及对任务的感知。对立框架可能会使得个体将多重目标视为更多的挑战而非困境[米隆（Miron）等，2011]。当面对这些挑战时，若一个团队能够意识到这种双栖和潜在的合力，则会产生更少的焦虑和压力以及更好地绩效[史密斯（Smith）和塔什曼（Tushman），2005]。

H6-2-2：创造力目标比双重目标会产生更高的创造力；

H6-2-3：在影响创造力方面，对立框架对目标模式具有调节作用；

H6-2-3a：在创造力目标的情形下，对立框架的作用会减弱；

H6-2-3b：在双重目标的情形下，对立框架的作用不会减弱。

三、研究方法

（一）实验设计

实验有两个自变量：认知框架（有对立框架V.S无对立框架）和任务目标（创造力目标V.S双重目标），采取2*2的因素设计，共形成4种实验处理，156名大学生被随机地分配到各个以3人为单位的小组中，然后将各个小组随机地分配到4种处理中。每个实验处理有13个小组，共形成52个小组。

（二）实验流程

被试被告知将参加一个有关团队如何通过互动来解决问题的研究。研究由两个阶段组成，在第一阶段中被试需要独立完成两个任务，任务的目的是为了启动他们的对立认知框架。在第二阶段中，被试需要以小组为单位完成一个讨论任务。整个实验时间大约为30分钟。

1. 第一阶段：操纵认知框架

斯佩克托尔（Spektor）等（2011）使用了两种方法来启动对立认知框架。第一种方法是通过一张图片以及描述来进行启动（具体方法详见之后的描述）。第二种启动方式是让被试回忆3条自己所碰到的有趣的对立陈述（paradoxical statements），比如："站着比走路更累这种说法是自相矛盾的。（it is paradoxical that standing is more tiring than walking.）"但是可能由于本身理解以及表述的缘故，在预实验中本研究发现这一启动任务对于被试来讲难度比较大，被试基本写不出来类似的表述。因此在正式实验中本研究采用了另一种启动方式（详见以下描述）。本研究同时使用了两种方法来启动被试的"对立认知框架（paradoxical frame）"。

第一个启动任务借鉴了程（Cheng）等（2009）所使用的启动任务。

①对立框架启动（实验组）

"生活总是充满了各种不确定性和矛盾冲突。现在请您回忆一下自己所经历过的某个事件，无论怎么做，都会同时产生积极的结果和消极的结果，没有绝对正确的解决办法。请仔细思考一下当时的情境以及您当时的考虑，简单描述该事件并尽量多地写下您当时的考虑。记住，您的描述需要同时包括您当时所考虑到的积极方面和消极方面。这个任务的目的是让您回忆您所经历的一件事情，回答不存在对错之分。”（该任务的目的是为了诱发被试思考生活中的对立冲突和不确定性）

②无对立框架（控制组）

“我们每个人在求学或成长的道路上都会有一些难忘的经历，这些经历让我们明白了一些非常重要的道理，这些对我们有很大的影响，让我们对于学习或生活的态度有了很大的转变。请您回忆发生您自己身上的类似经历，并简单描述一下该事件及其对您的影响。记住，这个任务的目的是让您回忆您所经历的一件事情，回答不存在对错之分。”

在分别读完任务描述后，实验组或控制组的被试有15分钟的时间思考并写下自己的回忆。然后进入到第一阶段的第二个启动任务。

第二个启动任务：借鉴了斯佩克托尔（Spektor）等（2011）所使用的启动任务。在这个任务中，被试首先阅读了一段有关一个创意产品的描述以及一张图片，然后回答使得该产品成功的原因是什么。大部分产品的描述都是一致的，只是其中的一些关键要素有所区别，从而用以诱发“对立框架”和“非对立框架”。

①对立框架描述如下：

“下面是一家名叫“蜗牛家居”的家居公司所设计开发的一款新的家居产品，这款产品将会代表该公司参与即将举行的两年一度的国际家居设计挑战赛。这款产品由一个设计师组成的评审小组从大约50个产品的设计中挑选出来，它脱颖而出的原因在于，与其他产品相比，它不仅极富创意而且能够以很低的成本进行快速生产。众所周知，在家居行业，最大的挑战就在于设计和开发既具有创意，而且又能以低成本进行快速生产的产品。“

②非对立框架描述如下：

“下面的图片是一家名叫“蜗牛家居”的家居公司所设计开发的一款新的家居产品，这款产品将会代表该公司参与即将举行的两年一度的国际家居设计挑战赛。这款产品由一个设计师组成的评审小组从大约50个产品的设计中挑选出来，它脱颖而出的原因在于，与其他产品相比，它的创意非常独特，评审小组对于该款产品的创造力给予了高度评价。“

2. 第二阶段：团队创造力任务

在完成了启动任务后，实验进入了第二个阶段。每个实验组的目标或者是尽量表现出创造力，或者是在关注创造力的同时也要关注可行性。试验任务如下：

西部某所高校的食堂由于长期疏于管理以及饭菜质量问题，学校研究决定将其关闭，原有的食堂场地将另作它用。现在学校正在广泛征求意见，空出来的食堂场地可以用作什么用途。你们的任务是为该校出谋划策，就上述问题提出自己的建议，请在8分钟的时间内提出你们能想到的（有创造力 / 既有创造力又可行）所有建议。

创造力被定义为有新意而且可实现的建议，可实现指该建议能够被付诸于实践（例如，高尔夫球场就是不可实现的建议；穿越长廊也是不可实现的建议）。“可行性”被定义为该建议是能够在学校这样的情境中是可行的（例如，寺庙是可实现但不可行的建议；再如迪厅也是可实现，但是不可行的建议）。

在本研究中因变量包括：

①创意数量：已有的许多研究都将创意数量作为创造力程度的一个重要指标 [西蒙顿（Simonton），1999]。因此，本研究的第一个指标便是选取每个小组所产生的创意数量。

②灵活性：延用过去研究的方法［拉里（Larey）和保卢斯（Paulus），1999］，本研究使用创意的发散性来进行评估，发散性指创意可归类的范畴数量。为了评估每个小组的发散性，本研究请了两位不了解实验目的的评估者，根据语意类似的原则，将每个小组提出的所有建议归到不同的类别当中，所有的归类需要在两位评估者之间达成一致［贡卡洛（Goncalo）和斯托（Staw），2006］。比如，所有把这个空间作为“用餐场所”的建议将会归为同一个范畴。然后，评估者计算了每个类别中包含的所有建议的数量。每个建议会被赋予一个分数，这个分数取决于该想法所属类别中的建议数量。比如，在“运动场所”类别中一共有75个建议，因此该类别中的每个建议就被赋予75分；而在“展览场所”类别中一共有30个建议，因此该类别中的每个建议则被赋予30分。最后将每个小组中所有建议的总分除以该小组提出的建议数，就形成了每个小组的一个得分。根据前面的规则，每个小组的发散性则取决于该小组的最后得分，得分越高说明该小组的发散性越低；得分越低，则说明该小组的发散性越高。

③整体创造力（overall creativity）：本研究另外邀请了两位不了解实验背景的评估者对每个建议的创造力进行评估。评估者被告知在进行评估的时候应该关注每条建议的“新颖性（novelty）”，他们基于5点量表进行评估（1=没有创意：这些建议很容易想到；3=创意一般；5=很有创意：很有新意和原创性）。由于两位评估者之间具有显著的一致性（$r=0.462, p<0.01$），因此将他们的平均数作为每个建议的创造力，然后再通过每个小组所提建议的平均数得出每个小组最后的创造力得分。

由于在创造力目标的条件下，被试并未受到“可行性目标”的约束，因此在提出的建议中有一部分是在学校的情境中“不可行的”，比如“会所”“寺庙”等建议。因此，在由两位不了解实验背景的评估者进行评估之前，研究者首先剔除了创造力目标下这些不可行的建议。

3. 操纵检验

在锚定环节的回忆任务中，为了保证被试能认真阅读并理解锚定任务，在完成回忆任务之前，本研究要求被试回答是否在文中读到了“矛盾”“积极”和“消极”等词（程（Cheng），2009），结果表明被试都正确回答了这些问题，说明他们认真阅读并理解了锚定任务。

在锚定任务的第二个环节中，本研究参照斯佩克托尔（Spektor）等（2011）的方法，使用4道题（5点量表，1=完全不同意，5=完全同意）（1. 与其他产品相比，“蜗牛家居”该款产品既有创意，成本也不高；2.“蜗牛家居”的该款产品既有创意，又可快速生产；3. 上述描述说明，在设计一款有创意的家居的时候，很难保证同时做到低成本和快速生产；4.“蜗牛家居”的该款产品虽然有创意，但并未过多考虑成本因素。）来检验对认知框架的操纵是否成功。第1题和第2题是测量互补（complementary）认知，第3题和第4题是测量冲突（conflict）认知，第4题反向计分。本研究分别将两道题相加得到了每位被试的互补分数（α=.833）和冲突分数（α=.812）。单因素方差分析表明，在互补认知方面（$F=10.26$，$P<0.01$），实验组（锚定对立框架）的得分（$M=3.13$）显著高于对照组（无锚定对立框架）的得分（$M=2.62$）；而在冲突认知方面（$F=10.78$，$P<0.01$），实验组（锚定对立框架）的得分（$M=3.18$）也显著高于对照组（无锚定对立框架）的得分（$M=2.65$）。说明，对立框架的

锚定同时增加了被试在两种方面的认知强度，操纵达到了实验设计的效果。

在完成实验任务后，小组的每名成员（每个小组3名成员）会分别独立完成一份问卷，以检验本研究对于实验自变量的操纵是否成功。对于每种目标"创造力目标"和"双重目标"，被试都需要完成相应的两道题，在5点量表上对以下描述进行选择："1.我们在完成任务的时候，应该关注创造力；2.我们的任务目标是表现出更高的创造力"；"1.我们在完成任务的时候，应该同时关注创造力和可行性；2.我们的任务目标是提出既具有创造力而且可行的建议"。统计结果表明，在创造力目标的条件下，被试小组对于创造力目标选择的平均数为4.2，而对于双重目标选择的平均数为1.4，两者之间存在显著差异（$P<0.001$）。而在双重目标的条件下，被试小组对于创造力目标选择的平均数为1.7，而对于双重目标选择的平均数为4.1，两者之间也存在显著差异（$P<0.001$）。上述结果表明，本研究对于任务目标的操纵达到了实验设计的要求。

四、研究结果

1. 建议数量

在"无对立框架"和"双重目标"的条件下，被试小组的平均建议数量为13.9个；在"有对立框架"和"双重目标"的条件下，被试小组的平均建议数量为13.4个；在"无对立框架"和"创造力目标"的条件下，被试小组的平均建议数量为14.3个；在"有对立框架"和"创造力目标"的条件下，被试小组的平均建议数量为15.3个（见表6-7）。

表 6-7　不同条件下建议数量比较

	双重目标	创造力目标
无对立框架	（M=13.9）	（M=14.3）
有对立框架	（M=13.4）	（M=15.3）

单变量分析（Univariate analyses）的结果表明，“认知框架”对建议数量没有显著影响（F=.152, P>0.05）；“任务目标”对建议数量存在边际显著的影响（F=2.974, P<0.1）；“认知框架”和“任务目标”在对建议数量的影响方面并不存在交互作用（F=1.117, P>0.05）。说明，在锚定对立框架的条件下，团队目标模式的设定对于创造力（数量）的影响会相对更加明显，而在没有对立框架的条件下则没有显著区别。

2. 灵活性

在“无对立框架”和“双重目标”的条件下，被试小组的平均灵活性得分为40.9；在“有对立框架”和“双重目标”的条件下，被试小组的平均灵活性得分为38.7；在“无对立框架”和“创造力目标”的条件下，被试小组的平均灵活性得分为38.3；在“有对立框架”和“创造力目标”的条件下，被试小组的平均灵活性得分为36.4(见表6-8)。

表 6-8　不同条件下灵活性得分比较

	双重目标	创造力目标
无对立框架	（M=40. 9）	（M=38. 3）
有对立框架	（M=38. 7）	（M=36. 4）

单变量分析的结果表明，“认知框架”对灵活性有显著影响

（F=7.795, P=0.008）；“任务目标”对灵活性有显著影响（F=5.367, P=0.025）；同时，“认知框架”和“任务目标”在对灵活性的影响并不存在交互作用（F=0.026, P>0.05）。说明总体上讲，认知框架对于创造力（发散性）的影响效应要强于目标模式，相比无对立框架的情形，有对立框架相对更能激发团队的发散性；而单纯的创造力目标则比双重目标相对更能激发团队的发散性。有意思的是，研究者继续分别在双重目标和创造力目标的情形下，对无对立框架组和有对立框架组的发散性进行了独立样本T检验。结果发现，在双重目标的情形下，无对立框架组和有对立框架组之间的差异在0.5水平上达到了显著（P=0.44），而在创造力目标的情形下，无对立框架组和有对立框架组之间的差异仅在1.0水平上达到了显著（P=0.80）。这一结果表明，虽然总体上“认知框架”和“任务目标”不存在显著的交互效应，但是在双重目标的情形中，认知框架的影响效应会相对更加明显。

3. 整体创造力

在“无对立框架”和“双重目标”的条件下，被试小组的平均创造力得分为2.91；在“有对立框架”和“双重目标”的条件下，被试小组的平均创造力得分为2.95；在“无对立框架”和“创造力目标”的条件下，被试小组的平均创造力得分为2.97；在“有对立框架”和“创造力目标”的条件下，被试小组的平均创造力得分为3.01（见表6-9）。

表6-9　不同条件下创造力得分比较

	双重目标	创造力目标
无对立框架	（M=2.91）	（M=2.97）
有对立框架	（M=2.95）	（M=3.01）

单变量分析的结果表明，“认知框架”对整体创造力有显著影响（$F=4.692, P<0.05$）；“任务目标”对整体创造力没有显著影响（$F=2.028, P>0.05$）；同时，“认知框架”和“任务目标”在对整体创造力的影响方面也不存在交互作用（$F=0.002, P>0.05$）。这一结论也说明，总体上讲认知框架对于创造力（发散性）的影响效应要强于目标模式，此外虽然在发散性指标上存在显著效应，目标模式整体创造力这一指标方面的影响并不显著。进一步的独立样本T检验并未发现显著差异。

五、研究小结

本节研究中使用了“数量”“发散性”和“整体创造力”这三个指标来作为创造力的评估指标。研究结果发现，“认知框架”对于数量的影响作用并不显著，而“目标模式”对于数量的影响也仅具有边际显著的影响作用；在“发散性”这个指标上，“认知框架”和“目标模式”都具有显著的影响作用；最后在整体创造力这个指标上，“认知框架”具有显著的影响作用，而“目标模式”的影响作用并不明显。此外，“认知框架”和“目标模式”之间并不存在显著的交互作用。研究假设及结果小结如表6-10。

表6-10　本节研究假设结果小结

假设序号	假设	是否支持
H6-2-1	锚定了对立框架的团队会具有更高的创造力	部分
	锚定了对立框架的团队会具有更高的创造力（数量）	否
	锚定了对立框架的团队会具有更高的创造力（发散性）	是
	锚定了对立框架的团队会具有更高的创造力（整体创造力）	是

续表

假设序号	假设	是否支持
H6-2-2	创造力目标比双重目标会产生更高的创造力	部分
	锚定了对立框架的团队会具有更高的创造力（数量）	部分
	锚定了对立框架的团队会具有更高的创造力（发散性）	是
	锚定了对立框架的团队会具有更高的创造力（整体创造力）	否
H6-2-3	在影响创造力方面，对立框架对目标模式具有调节作用	部分
H6-2-3a	在创造力目标的情形下，对立框架的作用会减弱	否
H6-2-3b	在双重目标的情形下，对立框架的作用不会减弱	部分

第三节　第六章研究小结

在本章的研究中，本研究主要探讨了两个问题：组织创造力绩效机制的转化效应和强化效应。首先，本研究通过问卷研究方法对组织创造力是否以及如何影响组织绩效进行了探讨；其次，借助实验研究探讨了在具体的任务特征背景下，如何更有效地提升创造力过程的产出。

本研究清晰地展示了组织创造力与绩效之间的显著关系，验证了组织创造力对于组织创新绩效以及经营绩效的积极影响。组织创造力过程本身就是一个创新行动的集合，而在创意产业中，创造力本身就是一个内生的要求，因此创造力越高的组织，越容易获得市场认可并且越有可能获得快速的成长。知识活动是组织创造力过程中一个显著的特征，包括对于过去知识的忘记，获取多样化的知识以及到通过互动对显性以及隐形知识进行整合等。研究结果也证实了这种视角，本研究发现组织创造力是通过增强了组织的动态能力从而对组织绩效产生影响，其中动态能力包括知识激发能力、知识整合能力和知识重构能力。另一方面，这也更加深入地对组织创造力的绩效机制进行了探讨。上述结果说明，组织创造力行动是通过有效转化为企业基于知识的动态能力，从而提升了整体的企业绩效。

另外，邓少军和芮明杰（2009）组织动态能力的研究（包括动态能力研究）大多秉承了演化经济学与卡内基学派组织研究的传统，强调惯例主导下基于反馈的经验学习在能力演化中的作用，这实际上是一种“向后看”（backward-looking）的经验主导逻辑，在很大程度上忽视了“向前看”（forward-looking）的认知逻辑的影响，仍然把组织中个体的认知与行为视为次要因素，因此需要把视角延伸到微观的认知和行动及其相互作用的机制层面进行研究，才能更好地回答动态能力是如何发展和演化的（邓少军和芮明杰，2010）。本章的研究正好是对上述问题的一个回答，一方面组织创造力更多是一种前瞻导向的组织过程；另一方面，组织创造力本身就是一个认知和行动相互交织且迭代重复的过程。因此，本研究有利于推动动态能力微观演化机制相关研究的进一步发展。本研究的不足在于并没有具体到维度的层面对上述组织创造力、动态能力以及组织绩效三者之间的关系进行分析，这是以后研究可以继续深挖的一个方向。

除此之外，创意产业中企业需要同时面对创造力目标和可行性目标是一个显著的任务特征，而这种二元目标对于组织也会带来很大的挑战。过去的研究表明，有效解决二元问题的途径是使用结构机制（空间分离或时间分离）。研究结果表明，作为对结构机制的补充，在双栖组织中认知模式也起着非常重要的作用，组织成员的双栖思维模式对创造力有明显的促进作用。本研究的结果表明，总体上讲认知框架对于创造力的影响效应要强于目标模式的影响，其中比较明显的区别是在于目标模式对于整体创造力的影响并不显著，其中最大的原因之一可能在于，在进行整体创造力评估之前，研究者去除了那些可以实现但不可行的答案，而如果单从新颖的角度进行评估，这些被去除的选项可能会得到更高的评分。

此外，莎莉（Shalley）（1991）的研究发现，当同时设定创造力目标和效率（productivity）目标时，并不会削弱最后的创造力或效率，即同时提高了个体的创造力和效率。莎莉（Shalley）认为，这可能是因为这两种目标之间并不存在冲突，因此个体可以同时使用两种目标作为标准来分配自己的注意和努力。在本研究中使用的是以小组为单位来实现创造力目标和可行性目标，一方面可能由于小组成员之间的分工能够降低由于注意资源有限而产生的限制，从而减弱了双重目标对于创造力的影响；另一方面，正如莎莉（Shalley）（1991）的研究指出，本研究中的双重目标之间的冲突效应可能并不显著，这是今后的研究需要解决的一个关键问题。

在创意产业中，创造力往往被更多地与发散性思维相等同，而可行性则被更多地与聚合性思维相等同。如何在不影响可能性的情况下更多地激发创造力，本研究的结果为解决这一问题提供了一个视角：当团队成员意识到创造力和可行性之间并非鱼和熊掌的关系时，思维可能会更加活跃和开放，从而在无形中产生更多创造力的想法。上述结果说明，无论是面对怎样的目标诉求，双栖认知都有助于提升工作团队的创造力水平。然而本研究的结果并没有证实假设中提出的认知框架和目标模式之间的交互作用，这也是今后的研究需要进一步解决的问题，即在什么样的条件下认知框架和目标模式之间可能会存在交互作用。

第七章　研究讨论和全文总结

当今组织创造力对于组织获取竞争优势日益重要，许多企业都在努力培育自身的创造力，以期在激励的竞争环境中获得更多的发展优势。总体上讲，本书的研究致力于回答以下三个主要问题：①组织创造力的特征维度是什么？②组织创造力的驱动因素及其机制是什么？③组织创造力如何影响组织绩效，其中的机制是什么？

第一节　研究讨论

一、主要理论进展

（一）明确了组织创造力的特征维度及其对绩效的影响效应

许多学者都明确指出创造力对于提高组织绩效以及帮助组织获取竞争优势的重要作用，然而目前有关组织创造力的实证研究，主要集中在组织情境中不同层面的因素（个体层面、团队层面以及组织层面）对员工创造力和团队创造力的影响［莎莉（Shalley）和周（Zhou），2004］。有关组织创造力与组织绩效之间的研究多采用的是定性分析、推理及案例研究，缺乏定量和实证研究。此外，虽然从逻辑上推论，员工或团队的创造力会对组织的创造力产生影响，但是组织创造力更多反映了一种系统的创造力，并非单个个体或团队的简单相加。上述现象的原因主要就在于目前在学界还未对组织创造力的内涵和特征维度形成统一的认识，也缺乏实际的测量工具来推动实证研究的开展。本研究对组织创造力的特征维度进行了基于访谈的编码分析，进而通过因素分析对其进行了验证，并在此基础上证实了组织创造力对于组织绩效的正向影响。不仅用实证的方式补充了过去仅仅定性的描述组织创造力与组织绩效之间的关系，更为重要的是，组织创造力特征维度的明晰丰富了该领域的研究，能够推动以后的研究从更加系统的角度来探析组织创造力的各种影响机制。

（二）探讨了组织创造力的驱动效应，即组织创新导向的维度及其与组织创造力之间的具体关系

沃尔夫（Wolfe）（1994）指出，有关创新的三种主要研究范式包括：①创新扩散（diffusion of innovation），试图回答创新是如何在空间和时间维度通过不同的企业进行扩散这一问题；②组织创新（organizational innovativeness），试图回答哪些因素影响了组织的创新效果这一问题；③过程视角（process theory），试图回答企业中创新实施展开过程这一问题。塔什曼（Tushman）（1997）指出，持续的创新追求来自于企业内在的对于创新的信念和理解，只有在这种信念和理解被转化为具体行动的情况下，企业才能具备足够的动力去实现持续的突破和发展，上述研究都很少关注这一方面的问题。组

织创新导向是一个与上述表述比较契合的概念，在近年也逐渐得到学界的关注。然而目前对于创新导向内涵的理解还相当零散，研究者之间远未达成统一的共识，在实证研究中所使用的测量指标也往往大相径庭，缺乏统一的框架。

西格瓦（Siguaw）等（2006）对组织创新导向进行了相对较为系统的分析，指出组织创新导向主要由三个要素构成：战略意图（strategic direction），学习哲学（learning philosophy）和部门间协同（transfunctional acclimation）。本书通过案例研究对西格瓦（Siguaw）等的构思框架进行了精炼和发展。以“创新引领”“学习承诺”和“氛围塑造”三个维度更加精细地刻画了组织创新导向的构思维度，并通过实证研究证实了组织创新导向对于组织创造力行动的驱动作用以及其中具体的动力机制。

（三）从双栖认知的视角探讨了如何能够在同时面对相互对立目标的情况下更好地提升组织创造力

组织双栖是近年来学界非常关注的一个话题。双栖是指组织通过采用截然不同的活动而管理和满足相互矛盾的要求的能力[布利多（Bledow）等，2009]。组织双栖不仅包括探索性和开发性之间的对立情形，同时也包括其他对立矛盾的事物，包括：渐进性创新和急剧式创新，延续和变革，有机式和机械式组织结构等[赖施（Raisch）和伯金肖（Birkinshaw），2008]。因此，双栖的核心特征在于整合相互对立冲突的活动、策略或特征。

过去的研究表明，有效解决二元问题的途径是使用结构机制（空间分离或时间分离），同时也有研究指出双栖的影响因素还包括情境机制和领导机制。研究结果表明，作为对结构机制的补充，在双栖组织中认知模式也起着非常重要的作用，本研究将这种双栖认知称作对立框架（paradoxical frame），对立框架指个体在认知层面对相互冲突的要素进行的整合（juxtaposition），即承认和接受这些对立冲突，而不是回避或否认。这种对立框架体现了一种“兼而有之（both…and）”而不是“或者……或者（either…or）”的认知逻辑[柯林斯（Collins）和波拉斯（Porras），1997]。本研究发现，无论是在创造力目标还是对立目标的条件下，双栖思维模式对创造力都有明显的促进作用。

（四）通过将调节聚焦、损益框架和模糊程度同时纳入基于境模拟的实验研究中，深化了已有关于模糊规避（ambiguity aversion）的研究

在第五章的子研究二中，本研究借鉴了模糊规避的研究范式来开展本书的研究，在这方面也对该领域的研究有一些推动。一方面，刘（Liu）（2011）指出，虽然人们在面对模糊情境时表现出来的规避倾向已经得到了大量研究的证实，但是有关目标取向与模糊规避之间的关系还鲜有研究进行探讨；另一方面，过去的研究在损益认知框架如何影响模糊规避方面还存在分歧，有的发现在获益和损失的情况下，个体都倾向于模糊规避[霍加思（Hogarth）和爱因霍恩（Einhorn），1990}。而有的则发现在获益的情境中个体是模糊规避的，但在损失的情境中却表现出模糊寻求[霍（Ho）等，2002]。

本书在实验研究中同时纳入了调节聚焦、损益框架和模糊程度这三个因素进行考察，研究结果表明上述三个因素对于模糊规避的主效应都十分明显，而且这三者之间存在交互作用，只有在特定的情境组合下，被试才会表现出模糊寻求。本书的研究结果充实了有关模糊规避影响因素的研究，对损益框架与模糊规避之间的关系进行了进一步明晰，同时还研究了这些因素之间的交互效应，从而进一步推动了该领域研究的深入发展。

二、研究模型总结

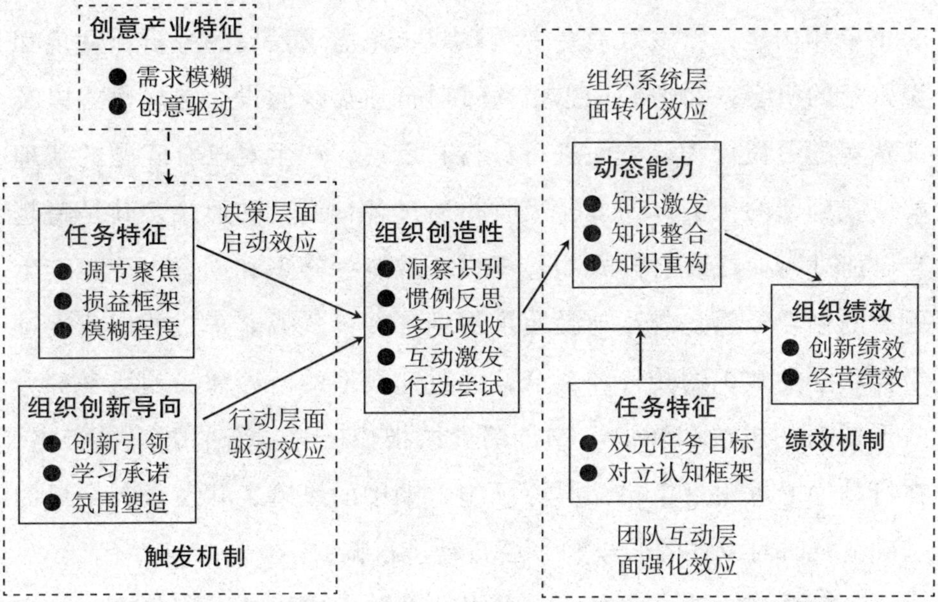

图 7–1　组织创造力的多层效能机制模型：基于创意产业

（一）组织创造力的特征维度

组织创造力是指个体在组织情境中通过合作和互动，对新的、有用的以及有价值的产品、服务、观点、工序或流程的创造。组织创造力的定义中含有两层含义：①结果：新的且有用的产出；②过程：产生创造力结果的一系列认知和行动过程。在回顾已有理论和研究文献的基础上，本研究首先以个体创造力的过程模型为基础，探讨了组织创造力的内涵和特征。通过对10家创意产业企业的访谈和内容分析，最终发现从问题解决过程的视角来看，组织创造力是一个多维度的特征模型，可以分为问题建构、问题解决和反馈调整三个阶段。问题建构阶段包括“洞察识别”和“惯例反思”这两个要素，问题解决阶段包括“多元吸收”和“互动激发”这两个要素，反馈调整阶段包括“行动尝试”这个要素。

①洞察识别指通过对行业、技术等方面的商业趋势进行前瞻性的想象和构建，以及对消费者潜在或未来需求发展的分析，发现和识别新的机会；②惯例反思指通过对行业传统假设、常规模式以及消费者的习惯行为等方面进行分析和反思，产生对已有问题的新理解或找到新的机会；③多元吸收指通过各种渠道和形式尤其是跨越自己所处行业或现有模式的边界去获取各种知识和创意，从而产生更多的创新灵感；④互动激发指借助各种正式或非正式的形式促进显性和隐性知识的转移和整合，通过建设性的争论和头脑风暴等方式形成新的想法和知识。⑤行动尝试指积极尝试新的方案、策略，在行动中寻求更好策略，愿意承担行动中的风险，并在行为结果的基础上及时对以往的假设和今后行动进行调整。

需要说明的是，一方面，组织的创造力实际是一种隐喻，是用人的认知和行动来比喻组织的认知和行动；另一方面，组织成员是组织创造力的基本主体，但个体创造力只有通过与其他组织成员进行互动整合来产生创造力合力，才能形成组织创造力。组织创造力更多代表了组织作为一个整体的集体（collective）行动特征。本书在后续的研究通过探索性和验证性因素分析对上述组织创造力的构思维度进行了验证。

（二）组织创造力的驱动因素——创新导向

组织创造力作为一种组织行动特征的反映，背后一定存在一些关键的因素在产生影响。借助普拉哈拉德（Prahalad）和贝蒂斯（Bettis）（1986）有关主导逻辑（dominant logic）的论述，本研究对组织创造力背后的驱动因素进行了初步的探析。主导逻辑是组织成员心智模型的重要来源，心智模型反映了组织成员共同的认知框架和信念系统，阐述了组织行动的重要性原则。西格瓦（Siguaw）等（2006）指出组织创新导向反映了组织有关创新的一种主导逻辑，并提出了一个创新导向的分析框架。

借助西格瓦（Siguaw）等（2006）的分析框架，本研究对三家创意产业企业的案例进行了分析和跨案例比较，最终指出组织创新导向是一个包含"创新引领""学习承诺"和"氛围塑造"三个维度的构思。创新引领指企业对创新表现出的一种高度承诺，并致力于通过创新为行业树立新的标准，从而引领行业的发展。学习承诺则是反映了一种深刻的学习理念，主要体现为两点：一方面，这些企业在创新过程中都表现出明显的探索式学习特征；另一方面，他们都将创新视为一种前瞻性的尝试，旨在先于他人获得更好地知识和技术积累。而氛围塑造则是反映了企业将个体和团队创造力视为整个组织进行创新的基石的这样一种理念，虽然不同的企业在理念表述和具体的构建方式上有所迥异，但其本质都在于塑造一个支持创新的组织氛围，以此激发组织成员和团队的创造力。

（三）组织创造力的触发机制

本研究将组织创造力的触发机制分为驱动效应和启动效应，分别体现了不同层次的触发机制。在驱动效应方面，承接前文的研究基础，对组织创新导向与组织创造力之间的关系进行了进一步深入的分析，定量的研究结果表明，"创新引领"同时对组织创造力过程中的"洞察识别"和"惯例反思"产生驱动作用，"学习承诺"同时对"洞察识别""多元吸收""互动激发"及"行动尝试"都具有驱动作用，"氛围塑造"则对"多元吸收"和"互动激发"具有驱动作用。这一结果说明，组织创新导向对于组织创造力确实具有显著的正向影响，而且组织创新导向的三个维度在对于组织创造力行动的驱动方面具有不同的作用。

而在启动效应方面，由于本研究选择创意产业作为研究背景，因此纳入了创意产业一个基本的任务特征来进行考察。在创意产业，新产品开发是组织开展创造力活动的主要形式，而在整个新产品开发的过程中一个重要的环节就是对于产品开发策略的选择，这也会极大影响后续创造力活动的开展。创意产业一大显著特征就在于不确定性，也就是创意产品具有极大的需求不确定性。面对不确定的情境，管理者如何对产品开发策略做出选择，这其中会受到哪些因素的影响是本研究希望回答的有关启动效应的问题。

组织创新导向从根本上反映了组织的一种目标取向，表现为进取、富有冒险精神以及高成就导向等特征。因此，本研究在借鉴调节聚焦理论和模糊规避研究范式的基础上，使用情境模拟的实验研究方法，采用2*2*2的组间组内的情境模拟混合设计，探讨了在不同的损益框架和不确定程度下，调节聚焦模式对决策选择的影响。研究结果表明，总体上讲调节聚焦对于决策选择主效应非常明显，即促进聚焦的条件下，决策者表现出明显的模糊寻求倾向，而在预防聚焦的条件下，决策者表现出明显的模糊规避倾向。进一步深入分析发现，上述调节聚焦的主效应会受到损益框架和不确定程度的影响。具体讲，只有在“促进聚焦 + 损失框架 +（高 / 低模糊程度）”以及“促进聚焦 + 获益 + 低模糊程度”的组合下，决策者才会表现出模糊寻求的倾向。

（四）组织创造力的绩效机制

本研究的目的旨在探讨，组织创造力与企业绩效之间存在怎样的关系，以及怎样影响企业的绩效。在企业绩效指标选取方面，由于创意产业在国内还是一个新兴产业，大多数企业基本上都还处于创业发展的阶段，因此本研究对于绩效指标的选取参考了有关创业绩效的研究，选取创新绩效和经营绩效这两个指标来作为对组织绩效的反映。创新绩效指标反映了企业在新产品开发或新业务拓展方面的成效；经营绩效指标则反映了创业企业经营和发展的状况。

本研究将绩效机制分为转化效应和强化效应，分别反映了不同层次的绩效机制。一方面立足整个组织系统层面来看，本研究前文分析中已经指出组织创造力过程中包含着各种类型的学习活动，其本身也是一个知识创新的过程。回顾有关动态能力的研究，可以发现动态能力的演变过程根本上就是一个不断破除旧知识和建立新知识的组织记忆系统的更新过程，实质上是一个“创造力破坏”的过程。这一表述与本研究对于组织创造力的定义有许多不谋而合之处，因此本研究推断动态能力是组织创造力影响组织绩效的关键机制。本研究最后的研究结果表明，组织创造力对创新绩效和经营绩效都有显著的影响，此外动态能力在组织创造力与创新绩效之间起了部分中介的作用，而在组织创造力与经营绩效之间则起着完全中介的作用。上述结果说明，组织创造力活动只有通过有效转化成组织基于知识的动态能力，才能更好地提升绩效水平。

立足于团队完成任务的视角来看，在强化效应方面，由于组织创造力本质上是嵌入于创新任务中的行动策略集合，因此任务特征必然会对组织创造力的成效产生影响。在文化创意领域，持续创新和产生新产品形式的要求与商业化和市场化之间的冲突和矛盾比任何其他产业都更加明显，因此创造力过程常常也会受到创造力和可行性目标这一相互对立目标的约束。借鉴组织双栖理论的思路，本研究通过实验研究的方法探讨了对立框架（paradoxical frame）在不同的任务目标下对于创造力的影响。采用2*2因素设计：认知框架（有对立框架组和无对立框架组）和任务目标（创造力目标和双重目标），使用3人小组为单位的被试组，以“数量”“发散性”和“整体创造力”这三个指标来作为创造力的评估指标。研究结果发现，“认知框架”对于数量的影响作用并不显著，而“目标模式”对于数量的影响也仅具有边际显著的影响作用；在“发散性”这个指标上，“认知框架”和“目标模式”都具有显著的影响作用；最后在整体创造力这个指标上，“认知框架”具有显著的影响作用，而“目标模式”的影响作用并不明显。此外，“认知框架”和“目标模式”之间并不存在显著的交互作用。上述结果说明，如果能够有效地培育组织成员的双栖认知模式，那么即使面对可能存在的双元目标的时候，也能强化组织创造力行动对于组织创新绩效的积极影响。

三、管理实践启示

在创造力对于企业发展和获取竞争优势日益重要的今天，培育创造力并且将创造力渗透到组织运行的方方面面不仅十分重要，而且也十分必要。过去创造力常常被视为一种偶然闪现的灵感，或是属于研发人员的专职工作。现在越来越多的企业开始意识到，创造力更多的是一种企业需要随时随地在一切活动中都具备的一种精神或行动特征，创造力对于从小到工作任务的完成、到新产品的推出直到组织变革的成功实施，对于从事所有业务工作的员工都不可或缺。然而创造力对于大多企业来讲仍然显得十分神秘和难以触摸，本研究通过对组织创造力的内涵及其驱动和绩效机制的研究，正好可以在这方面为企业对于创造力的培育提供一些启发。需要说明的是，本研究并没有直接回答如何提升个体或团队的创造力，而更多是从系统创造力的视角出发来进行探析。

首先，在创造力的整个过程中，最为重要也最容易被忽视的就是对于问题的重新建构。在大多数的商业活动中，企业常常习惯于沿用过去的思路和模式，因为这样不仅能减少认知负荷，是保持决策连续性的一条捷径，而且来自过去已经证明的成功经验似乎更加安全和容易获得信任。然而，创造力的活动首先就是一种破坏性的活动，这里的破坏不是对企业的破坏，而是要废除头脑中那些僵化过时的观念。破除思想枷锁有两条最基本的途径，一条是对未来的发展趋势进行想象和主动建构，另一条则是对过去的经验模式进行反思。不可否认的是，没有任何企业能够对未来进行预测，然而外部环境不是客观存在而是在行动中逐渐生成的，因此想象或反思只是提供了未来发展的一种思路和可能性，还需要借助后续的一系列行动才能逐渐成为现实。

一旦破除了固化的联接，就需要建立新的联接，而这就需要企业通过各种渠道来搜寻多元化的信息和知识。虽然每个人在自己的学科领域内都拥有更高的创造力，但专业知识往往却会阻碍创造力的产生。从完全不同的领域寻求新的知识和信息，将有助于摆脱固化的思维模式并建立新的联接。企业可以通过与不同领域的公司建立合作关系，参加各种跨越自身领域的会议，吸纳具有不同知识背景的员工以及组建多元化的团队等途径来使得自身的知识结构更加多元化。

多元化的知识只是为创造力的产生提供了条件，由于大多数知识都是内隐知识，由于这些知识难以得到直接的表达，如何让这些知识能够有效地得到传递、整合和重组就显得比较困难。企业应该创造各种条件让多元化的知识在企业内部能够更加自由通畅的流动，更为重要的是要鼓励员工能够大胆地提出自己的想法并与他人进行积极的讨论，而且更多时候灵感是产生于非正式的沟通互动之中，因为在放松的状态下思维有时会变得更加开放，因此还需要为员工的这种沟通互动提供条件，比如配置专门的咖啡间等。

最后，实践是检验一切事物的标准。开展实验是创造力活动中非常核心的环节，只有在不断的实验和尝试中才能获得对最初问题构思的见解。然而，大多数企业已经习惯了计划—调整的模式，往往是根据是否偏离计划来调整随后的行动，却忽视了对最初计划所依赖的假设进行反思。另一方面，迫于沉没成本的压力，即使意识到了最初的问题建构存在不足和偏差，企业也不愿意再对其进行调整，而是抱着侥幸的态度继续进行下去。

要想让创造力成为企业一种持续的常态行动特征，就需要企业成员都具有一种共享的价值理念并且有机会将这种理念转化实际的行动。其中不断超越的愿景引领和冒险精神就显得特别重要，一些竞争环境比较激烈的企业常常倾向于尽快做出决定，因为在他们看来把事件花在反复的创造力尝试上是一种很大的风险，而另外一些企业更加倾向于选择一种跟随模仿的策略，赚取看似更加安全的利润。相对而言，这些企业的创造力水平就会受到很大的影响。

基本所有的企业在经营活动中都会面临对立冲突的目标诉求，如质量和数量的对立、效率和创新的对立、探索性活动和开发性活动的对立。如何在这样的情境中更好地激发创造力，本书的研究成果提供了一个思路，如果能够成功地引导员工用一种类似于“兼而有之”的而非“鱼和熊掌不可兼得”的视角来认知事物，则更有可能产生更高的创造力。

四、研究局限和未来研究展望

尽管本书的研究具有一定的创新性，也取得了一定的理论进展。但由于本书的研究是从系统的角度对组织创造力进行研究，大部分是属于开拓性的研究，前人的可参照成果有限，因此纵观全书仍然存在一些局限。而这些局限一方面限制了本研究部分结论的效度，另一方面也是未来关于该主题进一步探索和改进的方向。

（1）研究结论的效度问题。一方面，本研究在取样方面存在一定的限制。由于研究者本身是通过各种朋友关系进行采样，受限于自身资源的约束，无论是样本的随机性，还是样本覆盖面的广度上均存在一定的局限性。此外，组织创造力构思在本书中反映了一种集体的行动特征，由于资源的有限性，虽然本书在取样的时候尽量进行控制，让对项目进程非常熟悉的管理人员来进行相关的填答，然而个体的填答毕竟存在偏差，另一种更好地方式是每家企业都能收集到3份以上的相关填答，并将数据进行聚合，这样能够更好地控制偏差，也能更好地反映集体行动这一构思的内涵。这是以后研究可以进一步优化的地方。

另一方面，由于本研究的研究样本来源于创意产业企业，本研究对于组织创造力结构维度及其动力机制（组织创新导向）的研究都是基于创意产业所开展，因此，本研究的结论能否概化至其他行业仍然值得商榷。未来研究可以进一步在其他行业或情景中检验本研究的相关结论是否适用或是否存在差异。

（2）在有关组织创造力的启动效应研究方面，本书从目标取向的角度，借鉴调节聚焦理论开展了实验研究。虽然从理论上分析，调节聚焦确实是组织创新导向一种非常显著的特征，然而这两者毕竟是属于不同的概念。因此，以后的研究可以考虑在实验情境下如何更好地对组织创新导向进行操作化定义，并采取有效地操纵手段来对其进行模拟，从而更好地提升整个研究的效度。

（3）在组织创造力绩效机制的研究中，由于受到实际取样的限制，本书使用了大学生样本来开展实验。虽然本书使用了大学生比较熟悉的任务来进行研究，能够更好地反映创造力具有领域属性的特征，然而这一结论是否能够概化到实际的企业商业活动中是后续研究值得探讨的话题，后续的研究在条件允许的情况下可以考虑使用公司员工样本，通过具体的企业任务来对本研究的结论进行验证。

此外，本研究使用3人小组为单位来开展实验研究，属于团队层面的研究，但本书并未对其中的机制进行探讨。后续的研究可以对其中机制进行深入的分析，从而明确为什么对立框架能够更好地激发团队任务完成的创造力水平。

第二节　全文总结

本书通过采用包括案例研究、访谈编码研究、实验研究以及问卷研究在类的多种研究方法，以创意产业企业为研究背景，对组织创造力的特征维度及其多层效能机制进行了探讨，主要结论如下：

（1）从行动过程的视角来看，组织创造力是一个多维构思，包括“洞察识别”“惯例反思”“多元吸收”“互动激发”和“行动尝试”这五个要素。

（2）组织创造力的触发机制同时包括启动效应和驱动效应。其中，启动效应指创新策略的决策选择，同时受到决策者的调节聚焦模式、损益框架以及模糊程度的影响；而驱动效应则指作为驱动因素的主导逻辑如何驱动组织创造力行动的开展，其中主导逻辑指企业的创新导向，包括“创新引领”“学习承诺”和“氛围塑造”这三个维度。

（3）组织创造力的绩效机制同时包括转化效应和强化效应。其中转化效应指对于整个组织系统来讲，组织创造力活动通过有效转化为企业基于知识的动态能力来提升整体的绩效水平；而强化效应则指，企业常常不得不面对看似对立冲突的目标诉求，而在这种情况下组织成员的双栖认知模式有利于增强团队在任务过程中的创造力程度，从而提升企业的绩效水平。

参考文献

[1] Adler P S, Goldoftas B, Levine D I. Flexibility versus efficiency? A case study of model changeovers in the Toyota production system[J]. Organization science, 1999, 10(1): 43–68.

[2] Adner R, Helfat C E. Corporate effects and dynamic managerial capabilities[J]. Strategic Management Journal, 2003, 24(10): 1011–1025.

[3] Akman G, Yilmaz C. Innovative capability, innovation strategy and market orientation: an empirical analysis in Turkish software industry[J]. International Journal of Innovation Management, 2008, 12(01): 69–111.

[4] Alvarez S A, Barney J B. Discovery and creation: Alternative theories of entrepreneurial action[J]. Strategic Entrepreneurship Journal, 2007, 1(1 - 2): 11–26.

[5] Amabile, TM. A model of creativity and innovation in organizations, Research in Organizational Behavior, 1988, 10, 123–167.

[6] AmabileT M, Conti R, Coon H, et al., Assessing the work environment for creativity[J]. Academy of management journal, 1996: 1154–1184.

[7] Amabile T M. Motivating creativity in organizations: On doing what you love and loving what you do[J]. California management review, 1997, 40(1): 39–58.

[8] Ashford S J, Blatt R, Walle D V. Reflections on the looking glass: A review of research on feedback–seeking behavior in organizations[J].

Journal of Management, 2003, 29(6): 773–799.

[9] Atuahene–Gima K, Ko A. An empirical investigation of the effect of market orientation and entrepreneurship orientation alignment on product innovation[J]. Organization Science, 2001, 12(1): 54–74.

[10] Atwater L, Carmeli A. Leader - member exchange, feelings of energy, and involvement in creative work[J]. The Leadership Quarterly, 2009, 20(3): 264–275.

[11] Baer J M. Long–term effects of creativity training with middle school students[J]. The Journal of Early Adolescence, 1988, 8(2): 183–193.

[12] Baer M, Frese M. Innovation is not enough: Climates for initiative and psychological safety, process innovations, and firm performance[J]. Journal of Organizational Behavior, 2003, 24(1): 45–68.

[13] Baron R M, 肯尼（Baron ）D A. The moderator–mediator variable distinction in social psychological research: Conceptual, strategic, and statistical considerations[J]. Journal of personality and social psychology, 1986, 51(6): 1173–1182.

[14] Basadur M, 热 Gelade G A. The role of knowledge management in the innovation process[J]. Creativity and Innovation Management, 2006, 15(1): 45–62.

[15] Basadur, M. Optimal ideation–evaluation ratios. Creativity Research Journal,1995, 8, 63 - 75.

[16] Becker S W, Brownson F O. What price ambiguity? Or the role of ambiguity in decision–making [J]. The Journal of Political Economy, 1964, 72(1): 62–73.

[17] Beckman C M. The influence of founding team company affiliations on firm behavior[J]. Academy of Management Journal, 2006, 49(4): 741–758.

[18] Berthon P, Hulbert J M. To serve or create?[J]. California Management Review, 1999, 42(1): 37–58.

[19] Bharadwaj S, Menon A. Making innovation happen in organizations:

individual creativity mechanisms, organizational creativity mechanisms or both?[J]. Journal of Product Innovation Management, 2000, 17(6): 424−434.

[20] Bledow R, Frese M, Anderson N, et al., A dialectic perspective on innovation: Conflicting demands, multiple pathways, and ambidexterity[J]. Industrial and Organizational Psychology, 2009, 2(3): 305−337.

[21] Borch O J, Madsen E L. Dynamic capabilities facilitating innovative strategies in SMEs[J]. International Journal of Technoentrepreneurship, 2007, 1(1): 109−125.

[22] Bos W, Tarnai C. Content analysis in empirical social research[J]. International Journal of Educational Research, 1999, 31(8): 659−671.

[23] 卡兰通（Calantone）R J, Cavusgil S T, Zhao Y. Learning orientation, firm innovation capability, and firm performance[J]. Industrial marketing management, 2002, 31(6): 515−524.

[24] 卡梅尔（Camerer）C, Weber M. Recent developments in modeling preferences: Uncertainty and ambiguity[J]. Journal of risk and uncertainty, 1992, 5(4): 325−370.

[25] Cepeda G, Vera D. Dynamic capabilities and operational capabilities: a knowledge management perspective[J]. Journal of Business Research, 2007, 60(5): 426−437.

[26] Cepeda, G. and D. Vera. Knowledge management and firm performance: examining the mediating link of dynamic capabilities, 4th International Meeting of the Iberoamerican Academy of Management, 2005, Lisbon, Portugal.

[27] Chen M H. Understanding the benefits and detriments of conflict on team creativity process[J]. Creativity and Innovation Management, 2006, 15(1): 105−116.

[28] Cheng C. Dialectical thinking and coping flexibility: A multimethod approach[J]. Journal of Personality, 2009, 77(2): 471−494.

[29] Chernev A. Goal orientation and consumer preference for the status quo[J]. Journal of Consumer Research, 2004, 31(3): 557−565.

[30] Child J. Organizational structure, environment and performance: the role of strategic choice[J]. Sociology, 1972, 6(1): 1−22.

[31] Choi H S, Thompson L. Old wine in a new bottle: Impact of membership change on group creativity[J]. Organizational Behavior and human decision processes, 2005, 98(2): 121−132.

[32] Christensen C. The innovator's dilemma: when new technologies cause great firms to fail[M]. Harvard Business School Press, 1997.

[33] Cohen W M, Levinthal D A. Absorptive capacity: a new perspective on learning and innovation[J]. Administrative science quarterly, 1990: 128-152.

[34] Covin J G, Slevin D P. Strategic management of small firms in hostile and benign environments[J]. Strategic management journal, 1989, 10(1): 75−87.

[35] Crossan M M, Lane H W, White R E. An organizational learning framework: from intuition to institution[J]. Academy of management review, 1999: 522−537.

[36] Crowe E, Higgins E T. Regulatory focus and strategic inclinations: Promotion and prevention in decision−making[J]. Organizational behavior and human decision processes, 1997, 69(2): 117−132.

[37] Csikszentmihalyi, M., & Getzels, J. W. Creativity and problem finding. In F. H. Farley & R. W. Neperud (Eds.), The foundations of aesthetics, art, and art education: 1988, 91−106. New York: Praeger.

[38] Curley S P, Yates J F. The center and range of the probability interval as factors affecting ambiguity preferences[J]. Organizational behavior and human decision processes, 1985, 36(2): 273−287.

[39] Tushman M L, O’ ReillyIII C A. Managing evolutionary and revolutionary change[J]. California management review, 1996, 38(4): 8−28.

[40] Cyert R M, March J G. A behavioral theory of the firm[J]. Englewood Cliffs, NJ, 1963, 2.

[41] De Dreu C K W, Weingart L R. Task versus relationship conflict, team performance, and team member satisfaction: A meta-analysis[J]. Journal of applied psychology, 2003, 88(4): 741-749.

[42] De Dreu C K W, West M A. Minority dissent and team innovation: The importance of participation in decision making[J]. Journal of applied Psychology, 2001, 86(6): 1191-1201.

[43] DeciE L, Connell J P, Ryan R M. Self-determination in a work organization[J]. Journal of Applied Psychology, 1989, 74(4): 580-590.

[44] DeFillippi R, Grabher G, Jones C. Introduction to paradoxes of creativity: managerial and organizational challenges in the cultural economy[J]. Journal of Organizational Behavior, 2007, 28(5): 511-521.

[45] Dillon J T. Problem Finding and Solving[J]. The journal of creative behavior, 1982, 16(2): 97-111.

[46] Dokko G, Wilk S L, Rothbard N P. Unpacking prior experience: How career history affects job performance[J]. Organization Science, 2009, 20(1): 51-68.

[47] Drazin R, Glynn M A, Kazanjian R K. Multilevel theorizing about creativity in organizations: A sensemaking perspective[J]. Academy of Management Review, 1999: 286-307.

[48] Duncan R B. The ambidextrous organization: Designing dual structures for innovation[J]. The management of organization, 1976, 1: 167-188.

[49] Edmondson A C. Speaking up in the operating room: How team leaders promote learning in interdisciplinary action teams[J]. Journal of Management Studies, 2003, 40(6): 1419-1452.

[50] Edmondson A. Psychological safety and learning behavior in work teams[J]. Administrative science quarterly, 1999, 44(2): 350-383.

[51] Einhorn H J, Hogarth R M. Ambiguity and uncertainty in probabilistic

inference[J]. Psychological review, 1985, 92(4): 433.

[52] Eisenhardt K M, Martin J A. Dynamic capabilities: what are they?[J]. Strategic management journal, 2000, 21(10−11): 1105−1121.

[53] Ellonen H K, Wikstr m P, Jantunen A. Linking dynamic−capability portfolios and innovation outcomes[J]. Technovation, 2009, 29(11): 753−762.

[54] Ellsberg D. Risk, ambiguity, and the Savage axioms[J]. The Quarterly Journal of Economics, 1961: 643−669.

[55] Emsley D. Multiple goals and managers' job−related tension and performance[J]. Journal of Managerial Psychology, 2003, 18(4): 345−356.

[56] Eskildsen J K, Dahlgaard J J, Norgaard A. The impact of creativity and learning on business excellence[J]. Total Quality Management, 1999, 10(4−5): 523−530.

[57] Farmer S M, Tierney P, Kung−McIntyre K. Employee Creativity in Taiwan: An Application of Role Identity Theory[J]. Academy of Management Journal, 2003, 46(5): 618−630.

[58] Finke, R. A.,Ward, T. B., & Smith, S. M. Creative cognition: Theory, research, and applications. Cambridge, MA: MIT Press, 1992.

[59] Fleming L, Waguespack D M. Brokerage, boundary spanning, and leadership in open innovation communities[J]. Organization science, 2007, 18(2): 165−180.

[60] Floyd S W, Lane P J. Strategizing throughout the organization: Managing role conflict in strategic renewal[J]. Academy of Management Review, 2000: 154−177.

[61] Ford C M. A theory of individual creative action in multiple social domains[J]. Academy of Management review, 1996: 1112−1142.

[62] Frisch D, Baron J. Ambiguity and rationality[J]. Journal of Behavioral Decision Making, 1988, 1(3): 149−157.

[63] Gavetti G, Levinthal D. Looking forward and looking backward:

Cognitive and experiential search[J]. Administrative science quarterly, 2000, 45(1): 113−137.

[64] Geroski P A. Thinking creatively about markets[J]. International Journal of Industrial Organization, 1998, 16(6): 677−695.

[65] Gibson C B, Birkinshaw J. The antecedents, consequences, and mediating role of organizational ambidexterity[J]. Academy of Management Journal, 2004, 47(2): 209−226.

[66] Gilbert C. Unbundling the structure of inertia: resource versus routine rigidity[J]. Academy of Management Journal, 2005, 48(5): 741−763.

[67] Gilson L L, Mathieu J E, Shalley C E, et al., Creativity and standardization: complementary or conflicting drivers of team effectiveness?[J]. Academy of Management Journal, 2005, 48(3): 521−531.

[68] Gilson L L, Shalley C E. A little creativity goes a long way: An examination of teams' engagement in creative processes[J]. Journal of Management, 2004, 30(4): 453−470.

[69] Gilson L L. Why be creative: A review of the practical outcomes associated with creativity at the individual, group, and organizational levels[J]. Handbook of organizational creativity, 2008: 303−322.

[70] Gino F, Argote L, Spektor E, et al., First, get your feet wet: The effects of learning from direct and indirect experience on team creativity[J]. Organizational Behavior and Human Decision Processes, 2010, 111(2): 102−115.

[71] Gioia D A, Chittipeddi K. Sensemaking and sensegiving in strategic change initiation[J]. Strategic management journal, 1991, 12(6): 433−448.

[72] Gioia D A, Poole P P. Scripts in organizational behavior[J]. Academy of Management Review, 1984: 449−459.

[73] Gioia D A, Sims H P. Introduction: Social cognition in organizations[J]. The thinking organization: The dynamics of organizational social cognition, 1986: 1−11.

[74] Goldstein S G. Organizational dualism and quality circles[J]. Academy of Management Review, 1985: 504−517.

[75] Goncalo J A, Staw B M. Individualism - collectivism and group creativity[J]. Organizational Behavior and Human Decision Processes, 2006, 100(1): 96−109.

[76] Gordon W J J. The metaphorical way of learning & knowing[M]. Porpoise Books, 1973.

[77] Granovetter M S. The strength of weak ties[J]. American journal of sociology, 1973: 1360−1380.

[78] Guilford, J.P. Creativity.AmericanPsychologist, 1950, 5： 444 - 454.

[79] Gupta A K, Smith K G, Shalley C E. The interplay between exploration and exploitation[J]. Academy of Management Journal, 2006, 49(4): 693−706.

[80] Hambrick D C, Mason P A. Upper echelons: The organization as a reflection of its top managers[J]. Academy of management review, 1984: 193−206.

[81] Hamel, G. Strategy as revolution[J]. Harvard Business Review, 1996, 74(4)： 69 - 71.

[82] Hargadon A B, Bechky B A. When collections of creatives become creative collectives: A field study of problem solving at work[J]. Organization Science, 2006, 17(4): 484−500.

[83] Hargadon A B. Brokering knowledge: Linking learning and innovation[J]. Research in Organizational behavior, 2002, 24: 41−85.

[84] He Z L, Wong P K. Exploration vs. exploitation: An empirical test of the ambidexterity hypothesis[J]. Organization science, 2004, 15(4): 481−494.

[85] Helfat C E, Finkelstein S, Mitchell W, et al., Dynamic capabilities: Understanding strategic change in organizations[M]. Wiley-Blackwell, 2009.

[86] Henderson R M, Clark K B. Architectural innovation: the

reconfiguration of existing product technologies and the failure of established firms[J]. Administrative science quarterly, 1990: 9–30.

[87] Higgins E T, Friedman R S, Harlow R E, et al., Achievement orientations from subjective histories of success: Promotion pride versus prevention pride[J]. European Journal of Social Psychology, 2001, 31(1): 3–23.

[88] Higgins E T. Promotion and prevention: Regulatory focus as a motivational principle[J]. Advances in experimental social psychology, 1998, 30: 1–46.

[89] Hitt M A, Hoskisson R E, Kim H. International diversification: Effects on innovation and firm performance in product–diversified firms[J]. Academy of Management journal, 1997: 767–798.

[90] Ho J L Y, Keller L R, Keltyka P. Effects of outcome and probabilistic ambiguity on managerial choices[J]. Journal of Risk and Uncertainty, 2002, 24(1): 47–74.

[91] Ho J L, Vera - Munoz S C. Opportunism in Capital Budget Recommendations: The Effects of Past Performance and Its Attributions[J]. Decision Sciences, 2001, 32(3): 473–498.

[92] Hogarth R M, Einhorn H J. Venture theory: A model of decision weights[J]. Management Science, 1990, 36(7): 780–803.

[93] Homburg C, Hoyer W D, Fassnacht M. Service orientation of a retailer's business strategy: dimensions, antecedents, and performance outcomes[J]. The Journal of Marketing, 2002: 86–101.

[94] Horwitz S K, Horwitz I B. The effects of team diversity on team outcomes: A meta–analytic review of team demography[J]. Journal of management, 2007, 33(6): 987–1015.

[95] Hult G T M, Hurley R F, Knight G A. Innovativeness: its antecedents and impact on business performance[J]. Industrial marketing management, 2004, 33(5): 429–438.

[96] Hurley R F, Hult G T M. Innovation, market orientation, and organizational learning: an integration and empirical examination[J]. The Journal of Marketing, 1998: 42–54.

[97] Iansiti M. Technology integration: Managing technological evolution in a complex environment [J]. Research Policy, 1995, 24(4): 521–542.

[98] Idson L C, Liberman N, Higgins E T. Distinguishing gains from nonlosses and losses from nongains: A regulatory focus perspective on hedonic intensity[J]. Journal of Experimental Social Psychology, 2000, 36(3): 252–274.

[99] Im S, Workman Jr J P. Market orientation, creativity, and new product performance in high–technology firms[J]. Journal of marketing, 2004: 114–132.

[100] Insch G S, Moore J E, Murphy L D. Content analysis in leadership research: Examples, procedures, and suggestions for future use[J]. The Leadership Quarterly, 1997, 8(1): 1–25.

[101] JaworskiB, Kohli A K, Sahay A. Market–driven versus driving markets[J]. Journal of the Academy of Marketing Science, 2000, 28(1): 45–54.

[102] Jehn K A. A multimethod examination of the benefits and detriments of intragroup conflict[J]. Administrative science quarterly, 1995: 256–282.

[103] Jehn K A. A qualitative analysis of conflict types and dimensions in organizational groups[J]. Administrative science quarterly, 1997: 530–557.

[104] Joas H. The creativity of action[M]. University of Chicago Press, 1997.

[105] Kahn B E, Sarin R K. Modeling ambiguity in decisions under uncertainty[J]. Journal of Consumer Research, 1988: 265–272.

[106] Kahneman D, Tversky A. Prospect theory: An analysis of decision under risk[J]. Econometrica: Journal of the Econometric Society, 1979: 263–291.

[107] Kandampully J, Duddy R. Competitive advantage through anticipation, innovation and relationships[J]. Management Decision, 1999, 37(1): 51−56.

[108] Kark R, Carmeli A. Alive and creating: The mediating role of vitality and aliveness in the relationship between psychological safety and creative work involvement[J]. Journal of Organizational Behavior, 2009, 30(6): 785−804.

[109] Kassarjian H H. Content analysis in consumer research[J]. Journal of consumer research, 1977: 8−18.

[110] Katila R, Ahuja G. Something old, something new: A longitudinal study of search behavior and new product introduction[J]. Academy of management journal, 2002, 45(6): 1183−1194.

[111] Kiesler S, Sproull L. Managerial response to changing environments: Perspectives on problem sensing from social cognition[J]. Administrative Science Quarterly, 1982: 548−570.

[112] Kip Viscusi W, Magat W A, Huber J. Pricing environmental health risks: survey assessments of risk−risk and risk−dollar trade−offs for chronic bronchitis[J]. Journal of Environmental economics and management, 1991, 21(1): 32−51.

[113] Kirton M. Adaptors and innovators: A description and measure[J]. Journal of applied psychology, 1976, 61(5): 622−629.

[114] Kitchell S. Corporate culture, environmental adaptation, and innovation adoption: a qualitative/quantitative approach[J]. Journal of the Academy of Marketing Science, 1995, 23(3): 195−205.

[115] Knight F H. Risk, uncertainty and profit[J]. New York: Hart, Schaffner and Marx, 1921.

[116] Kogut B, Zander U. Knowledge of the firm, combinative capabilities, and the replication of technology[J]. Organization science, 1992, 3(3): 383−397.

[117] Koh A T. Linking learning, knowledge creation, and business creativity:

A preliminary assessment of the East Asian quest for creativity[J]. Technological Forecasting and Social Change, 2000, 64(1): 85−100.

[118] Kuhn K M, Budescu D V. The relative importance of probabilities, outcomes, and vagueness in hazard risk decisions[J]. Organizational Behavior and Human Decision Processes, 1996, 68(3): 301−317.

[119] Kundu S K, Katz J A. Born−international SMEs: BI−level impacts of resources and intentions[J]. Small Business Economics, 2003, 20(1): 25−47.

[120] Larey T S, Paulus P B. Group preference and convergent tendencies in small groups: A content analysis of group brainstorming performance[J]. Creativity Research Journal, 1999, 12(3): 175−184.

[121] Laursen K, Salter A. Open for innovation: the role of openness in explaining innovation performance among UK manufacturing firms[J]. Strategic management journal, 2006, 27(2): 131−150.

[122] Leonard−Barton D. Wellsprings of Knowledge: Building & Sustainint the Sources of Innovation [M]. Harvard Business Press, 1995.

[123] Levinthal D A, March J G. The myopia of learning[J]. Strategic management journal, 1993, 14(S2): 95−112.

[124] Levitt B, March J G. Organizational learning[J]. Annual review of sociology, 1988: 319−340.

[125] Lewis M W, Kelemen M L. Multiparadigm inquiry: Exploring organizational pluralism and paradox[J]. Human Relations, 2002, 55(2): 251−275.

[126] Lewis M W. Exploring paradox: Toward a more comprehensive guide[J]. Academy of Management Review, 2000: 760−776.

[127] Liu H H. Impact of regulatory focus on ambiguity aversion[J]. Journal of Behavioral Decision Making, 2011, 24(4): 412−430.

[128] Locke E A, Latham G P, Smith K J, et al., A theory of goal setting & task performance[M]. Englewood Cliffs, NJ: Prentice Hall, 1990.

[129] Lubatkin M H, Sims ek Z, Ling Y, et al., Ambidexterity and

performance in small-to medium-sized firms: The pivotal role of top management team behavioral integration[J]. Journal of management, 2006, 32(5): 646-672.

[130] Lukas B A, Ferrell O C. The effect of market orientation on product innovation[J]. Journal of the academy of marketing science, 2000, 28(2): 239-247.

[131] Lumpkin G T, Lichtenstein B B. The Role of Organizational Learning in the Opportunity - Recognition Process[J]. Entrepreneurship Theory and Practice, 2005, 29(4): 451-472.

[132] Luo Y, Park S H. Strategic alignment and performance of market - seeking MNCs in China[J]. Strategic Management Journal, 2001, 22(2): 141-155.

[133] Lyles M A, Schwenk C R. Top management, strategy and organizational knowledge structures Deshpande, Rohit (1999). Introduction. In: Developing A Market Orientation, ed. Rohit Deshpande. Thousand Oaks, CA: Sage Publications, Inc., 1 - 6. [J]. Journal of Management Studies, 1992, 29(2): 155-174.

[134] Madjar N, Oldham G R, Pratt M G. There's no place like home? The contributions of work and nonwork creativity support to employees' creative performance[J]. Academy of Management Journal, 2002, 45(4): 757-767.

[135] Manu F A, Sriram V. Innovation, marketing strategy, environment, and performance[J]. Journal of Business Research, 1996, 35(1): 79-91.

[136] Manu F A. Innovation orientation, environment and performance: a comparison of US and European markets[J]. Journal of International Business Studies, 1992: 333-359.

[137] McLain D L. The MSTAT-I: A new measure of an individual's tolerance for ambiguity[J]. Educational and Psychological Measurement, 1993, 53(1): 183-189.

[138] Miles R E, Snow C C, Meyer A D, et al., Organizational strategy,

structure, and process[J]. Academy of management review, 1978: 546−562.

[139] Miller D J, Fern M J, Cardinal L B. The use of knowledge for technological innovation within diversified firms [J]. Academy of Management Journal, 2007, 50(2): 307−325.

[140] Spektor E, GinoF, Argote L. Paradoxical frames and creative sparks: Enhancing individual creativity through conflict and integration[J]. Organizational Behavior and Human Decision Processes, 2011, 116(2): 229−240.

[141] Moorman C, Slotegraaf R J. The contingency value of complementary capabilities in product development[J]. Journal of Marketing Research, 1999: 239−257.

[142] Mumford M D, Mobley M I, Reiter - Palmon R, et al., Process analytic models of creative capacities[J]. Creativity Research Journal, 1991, 4(2): 91−122.

[143] Mumford, M. D., Reiter−Palmon, R., & Redmood, M. Problem construction and cognition: Applying problem representations in illdefined domains. In M. Runco (Ed.), Problem finding, problem solving, and creativity, 1994, (pp. 3−39). Norwood, NJ: Ablex.

[144] Nelson R R, Winter S G. An evolutionary theory of economic change[M]. Belknap press, 1982.

[145] Nemeth C J, Personnaz B, Personnaz M, et al., The liberating role of conflict in group creativity: A study in two countries[J]. European Journal of Social Psychology, 2004, 34(4): 365−374.

[146] Neter, J., Wasserman, W., & Kutner, M. H. Applied linear statistical models (3rd ed.). Homewood, IL: Irwin, 1990.

[147] Nielsen A P. Understanding dynamic capabilities through knowledge management[J]. Journal of knowledge management, 2006, 10(4): 59−71.

[148] Nisbet R, Ross L. Human inference[J]. Strategies and Shortcomings of Social JudgementPrentice Hall, Englewood Cliffs, New Jersey, 1980.

[149] Nonaka I, Takeuchi H, Umemoto K. A theory of organizational

knowledge creation[J]. International Journal of Technology Management, 1996, 11(7): 833–845.

[150] Reilly C A, Tushman M L. The ambidextrous organization[J]. Harvard business review, 2004, 82(4): 74–83.

[151] O'ReillyIII C A, Tushman M L. Ambidexterity as a dynamic capability: Resolving the innovator's dilemma[J]. Research in organizational behavior, 2008, 28: 185–206.

[152] O'Connor G C. Major Innovation as a Dynamic Capability: A Systems Approach[J]. Journal of product innovation management, 2008, 25(4): 313–330.

[153] Ogilvie D T. Creative action as a dynamic strategy: using imagination to improve strategic solutions in unstable environments[J]. Journal of Business Research, 1998, 41(1): 49–56.

[154] O' Hara L A, Sternberg R J. It doesn't hurt to ask: Effects of instructions to be creative, practical, or analytical on essay-writing performance and their interaction with students' thinking styles[J]. Creativity Research Journal, 2001, 13(2): 197–210.

[155] Ohly S, Fritz C. Work characteristics, challenge appraisal, creativity, and proactive behavior: A multi - level study[J]. Journal of Organizational Behavior, 2010, 31(4): 543–565.

[156] Oldham G R, Cummings A. Employee creativity: Personal and contextual factors at work[J]. Academy of management journal, 1996, 39(3): 607–634.

[157] Oliver B L. A study of confidence interval financial statements[J]. Journal of Accounting Research, 1972: 154–166.

[158] Pavlou P A, El Sawy O A. From IT leveraging competence to competitive advantage in turbulent environments: The case of new product development[J]. Information Systems Research, 2006, 17(3): 198–227.

[159] Perry−Smith J E, Shalley C E. The social side of creativity: A static and dynamic social network perspective[J]. The Academy of Management Review, 2003: 89−106.

[160] Perry−Smith J E. Social Yet Creative: The role of social relationships in facilitating individual creativity[J]. Academy of Management Journal, 2006, 49(1): 85−101.

[161] Pirola - Merlo A, Mann L. The relationship between individual creativity and team creativity: Aggregating across people and time[J]. Journal of Organizational Behavior, 2004, 25(2): 235−257.

[162] Porras J I, Collins J C. Built to last[M]. HarperBusiness, 1997.

[163] Prahalad C K, Bettis R A. The dominant logic: A new linkage between diversity and performance[J]. Strategic Management Journal, 1986, 7(6): 485−501.

[164] Prahalad C K, Hamel G. Strategy as a field of study: Why search for a new paradigm?[J]. Strategic management journal, 1994, 15(S2): 5−16.

[165] Prieto I M, Revilla E, Rodr í guez−Prado B. Building dynamic capabilities in product development: How do contextual antecedents matter?[J]. Scandinavian Journal of Management, 2009, 25(3): 313−326.

[166] Quinn R W. Energizing Others in Work Connections[J]. 2007.

[167] Raisch S, Birkinshaw J. Organizational ambidexterity: Antecedents, outcomes, and moderators[J]. Journal of Management, 2008, 34(3): 375−409.

[168] Redmond, M. R., Mumford, M. D., & Teach, R. 1993. Putting creativity to work: Effects of leader behavior on subordinate creativity. Organizational Behavior and Human Decision Processes, 55: 120−151.

[169] Reiter−Palmon R, Mumford M D, Threlfall K V. Solving everyday problems creatively: The role of problem construction and personality type[J]. Creativity Research Journal, 1998, 11(3): 187−197.

[170] Rhee J, Park T, Lee D H. Drivers of innovativeness and performance for innovative SMEs in South Korea: Mediation of learning orientation[J]. Technovation, 2010, 30(1): 65–75.

[171] Rigotti L, Ryan M, Vaithianathan R. Ambiguity Aversion, Entrepreneurship and Innovation[R]. Duke University, 2011.

[172] Rindova V P, Kotha S. Continuous" morphing": Competing through dynamic capabilities, form, and function[J]. Academy of Management Journal, 2001: 1263–1280.

[173] Rosenkopf L, Almeida P. Overcoming local search through alliances and mobility[J]. Management science, 2003, 49(6): 751–766.

[174] Rosing K, Rosenbusch N, Frese M. Ambidextrous leadership in the innovation process[M]//Innovation and International Corporate Growth. Springer Berlin Heidelberg, 2010: 191–204.

[175] Runco M A, Chand I. Cognition and creativity[J]. Educational psychology review, 1995, 7(3): 243–267.

[176] Sarasvathy S D, Dew N, Read S, et al., Empirical investigations of effectual logic: Implications for strategic entrepreneurship[C]// entrepreneurship theory and practice conference on strategic entrepreneurship. 2007.

[177] Schlegelmilch B B, Diamantopoulos A, Kreuz P. Strategic innovation: the construct, its drivers and its strategic outcomes[J]. Journal of Strategic Marketing, 2003, 11(2): 117–132.

[178] Shalley C E, Zhou J, Oldham G R. The effects of personal and contextual characteristics on creativity: where should we go from here?[J]. Journal of management, 2004, 30(6): 933–958.

[179] Shalley C E. Effects of productivity goals, creativity goals, and personal discretion on individual creativity[J]. Journal of Applied psychology, 1991, 76(2): 179.

[180] Shin S J, Zhou J. Transformational leadership, conservation, and

creativity: Evidence from Korea[J]. Academy of Management Journal, 2003, 46(6): 703–714.

[181] Siguaw J A, Simpson P M, Enz C A. Conceptualizing Innovation Orientation: A Framework for Study and Integration of Innovation Research[J]. Journal of Product Innovation Management, 2006, 23(6): 556–574.

[182] Simonton D K. Creativity as blind variation and selective retention: Is the creative process Darwinian?[J]. Psychological Inquiry, 1999, 10(4): 309–328.

[183] Simpson P M, Siguaw J A, Enz C A. Innovation orientation outcomes: the good and the bad[J]. Journal of Business Research, 2006, 59(10): 1133–1141.

[184] Sinkula J M, Baker W E, Noordewier T. A framework for market–based organizational learning: linking values, knowledge, and behavior[J]. Journal of the academy of Marketing Science, 1997, 25(4): 305–318.

[185] Slater S F, Narver J C. Market orientation and the learning organization[J]. The Journal of Marketing, 1995: 63–74.

[186] Smith W K, Tushman M L. Managing strategic contradictions: A top management model for managing innovation streams[J]. Organization science, 2005, 16(5): 522–536.

[187] Spreitzer G, Sutcliffe K, Dutton J, et al., A socially embedded model of thriving at work[J]. Organization Science, 2005, 16(5): 537–549.

[188] Taggar S. Individual creativity and group ability to utilize individual creative resources: A multilevel model[J]. Academy of Management Journal, 2002, 45(2): 315–330.

[189] Taylor C W. Various approaches to and definitions of creativity[J]. The nature of creativity, 1988: 99–121.

[190] Teece D J, Pisano G, Shuen A. Dynamic capabilities and strategic

management[J]. Strategic management journal, 1997, 18(7): 509–533.

[191] Teece D J. Explicating dynamic capabilities: the nature and microfoundations of (sustainable) enterprise performance[J]. Strategic management journal, 2007, 28(13): 1319–1350.

[192] Teece, D.J., ''Capturing value from knowledge assets'', California Management Review, 1998, 40(3): 55–79.

[193] Thomke S. Enlightened experimentation: The new imperative for innovation[J]. Harvard Business Review, 2001, 79(2): 66–75.

[194] Tjosvold D. The conflict - positive organization: It depends upon us[J]. Journal of Organizational Behavior, 2008, 29(1): 19–28.

[195] Tushman M L, O' Reilly III C A. Managing evolutionary and revolutionary change[J]. California management review, 1996, 38(4): 8–28.

[196] Tushman, Michael L. and O' Reilly, Charles A. III. Winning through Innovation: A Practical Guide to Leading Organizational Change and Renewal[M]. Boston: Harvard Business School Press, 1997.

[197] Utterback J M. Mastering the Dynamics of Innovation: How Companies Can Seize Opportunities in the Face of Technological ChangeHarvard Business School Press[J]. Boston, MA, 1994.

[198] Van de Ven A H, Polley D E, Garud R, et al., The innovation journey[M]. New York: Oxford University Press, 1999.

[199] Van de Ven A H. Central problems in the management of innovation[J]. Management science, 1986, 32(5): 590–607.

[200] Van Dyck C, Frese M, Baer M, et al., Organizational error management culture and its impact on performance: A two–study replication[J]. Journal of Applied Psychology, 2005, 90(6): 1228.

[201] Van Woerkum C M J, Aarts M N C, De Grip K. Creativity, planning and organizational change[J]. Journal of Organizational Change Management, 2007, 20(6): 847–865.

[202] Venkatraman N, Lee C H, Iyer B. Strategic ambidexterity and sales

growth: A longitudinal test in the software sector[C]//Unpublished Manuscript (earlier version presented at the Academy of Management Meetings, 2005). 2007.

[203] Verona G, Ravasi D. Unbundling dynamic capabilities: an exploratory study of continuous product innovation[J]. Industrial and Corporate Change, 2003, 12(3): 577–606.

[204] Viscusi W K, Chesson H. Hopes and fears: the conflicting effects of risk ambiguity[J]. Theory and Decision, 1999, 47(2): 157–184.

[205] Viscusi W K, Magat W A. Bayesian decisions with ambiguous belief aversion[J]. Journal of Risk and Uncertainty, 1992, 5(4): 371–387.

[206] Volberda H W, Baden–Fuller C, Van Den Bosch F A J. Mastering strategic renewal: Mobilising renewal journeys in multi–unit firms[J]. Long Range Planning, 2001, 34(2): 159–178.

[207] Von Krogh G, Erat P, Macus M. Exploring the link between dominant logic and company performance[J]. Creativity and Innovation Management, 2000, 9(2): 82–93.

[208] Wallas, G. The art of thought. New York: Harcourt Brace, 1926.

[209] Wang C L, Ahmed P K. Dynamic capabilities: A review and research agenda[J]. International Journal of Management Reviews, 2007, 9(1): 31-51.

[210] West M A. Sparkling fountains or stagnant ponds: An integrative model of creativity and innovation implementation in work groups[J]. Applied Psychology, 2002, 51(3): 355–387.

[211] Winter S G. Understanding dynamic capabilities[J]. Strategic Management Journal, 2003, 24(10): 991–995.

[212] Witt U. Imagination and leadership - the neglected dimension of an evolutionary theory of the firm[J]. Journal of Economic Behavior & Organization, 1998, 35(2): 161–177.

[213] Wolfe R A. Organizational Innovation: Review, Critique and

Suggested Research Directions[J]. Journal of management studies, 1994, 31(3): 405−431.

[214] Woodman R W, Sawy er J E, Griffin R W. Toward a theory of organizational creativity[J]. Academy of management review, 1993: 293−321.

[215] Woodside A G. Firm orientations, innovativeness, and business performance: advancing a system dynamics view following a comment on Hult, Hurley, and Knight's 2004 study[J]. Industrial Marketing Management, 2005, 34(3): 275−279.

[216] Worren N, Moore K, Cardona P. Modularity, strategic flexibility, and firm performance: a study of the home appliance industry[J]. Strategic Management Journal, 2002, 23(12): 1123−1140.

[217] Zhou J, George J M. When job dissatisfaction leads to creativity: Encouraging the expression of voice[J]. Academy of Management Journal, 2001, 44(4): 682−696.

[218] Zhou J, Shalley C E. Handbook of organizational creativity[M]. Erlbaum, Lawrence , Associates, 2007.

[219] Zhou J, Shalley C E. Research on employee creativity: A critical review and directions for future research[J]. Research in personnel and human resources management, 2003, 22: 165−217.

[220] Zhou J, Shin S J, Brass D J, et al., Social networks, personal values, and creativity: Evidence for curvilinear and interaction effects[J]. Journal of Applied Psychology, 2009, 94(6): 1544.

[221] Zien K A, Buckler S A. From experience dreams to market: crafting a culture of innovation[J]. Journal of Product Innovation Management, 1997, 14(4): 274−287.

[222] Zollo M, Winter S G. Deliberate learning and the evolution of dynamic capabilities[J]. Organization science, 2002, 13(3): 339−351.

[223] Zollo M, Winter S G. From organizational routines to dynamic

capabilities[M]. INSEAD, 1999.

[224] Zott C. Dynamic capabilities and the emergence of intraindustry differential firm performance: insights from a simulation study[J]. Strategic management journal, 2003, 24(2): 97-125.

[225] 陈晓萍 , 徐淑英 , 樊景立 . 组织与管理研究的实证方法 [M]. 北京 : 北京大学出版社 ,2008.

[226] 邓少军 , 芮明杰 . 组织动态能力演化微观认知机制研究前沿探析与未来展望 [J]. 外国经济与管理 , 2010 (11): 26-34.

[227] 邓少军 , 芮明杰 . 组织能力演化微观认知机制研究前沿探析 [J]. 外国经济与管理 , 2009, 31(11): 38-44.

[228] 丁岳枫 . 创业组织学习与创业绩效关系研究 [D]. 杭州 : 浙江大学 , 2006.

[229] 董俊武 , 黄江圳 , 陈震红 . 动态能力演化的知识模型与一个中国企业的案例分析 [J]. 管理世界 , 2004 (4): 117-127.

[230] 杜秀芳 , 张科 . 模糊决策研究进展综述 [J]. 山东理工大学学报 : 社会科学版 , 2010, 26(5): 102-107.

[231] 龚一萍 . 企业动态能力与企业创新的相关分析 [J]. 企业经济 , 2010 (4): 8-12.

[232] 郭贤达 , 孙瑾 , 吴坚 , 等 . 顾客导向和创新导向对企业绩效的影响机制研究 [J]. 南开管理评论 , 2009, 12(3): 67-73.

[233] 焦豪 , 魏江 , 崔瑜 . 企业动态能力构建路径分析 : 基于创业导向和组织学习的视角 [J]. 管理世界 , 2008, 4: 91-106.

[234] 李先江 . 突破性营销创新对创新导向和企业绩效间关系的中介效应研究 —— 基于湖北省企业的实证研究 [J]. 管理评论 , 2011, 23(11): 69-75.

[235] 李悦 , 王重鸣 . 程序公正对创新行为的影响 : 积极情绪的中介效应研究 [J]. 软科学 , 2012, 26(2): 79-83.

[236] 李悦 . 组织创新导向的内涵及其对组织创新绩效的影响研究 [J]. 中国科技论坛 , 2012, 11: 5-10.

[237] 厉无畏，创意产业导论 [M], 上海：学林出版社，2006.
[238] 刘新梅，白杨，张蕊莉．组织创造力研究现状与展望 [J]. 西安交通大学学报：社会科学版，2010, 30(3): 35-40.
[239] 卢启程．企业动态能力的形成和演化——基于知识管理视角 [J]. 研究与发展管理，2009, 21(1): 70-78.
[240] 盛南．社会创业导向及其形成机制研究：组织变革的视角 [D]. 浙江大学，2009.
[241] 孙永风，李垣，廖貅武．基于不同战略导向的创新选择与控制方式研究 [J]. 管理工程学报，2007, 21(4): 24-30.
[242] 王雁飞，朱瑜．组织创新气氛的研究进展与展望[J]. 心理科学进展，2006, 14(3): 443-449.
[243] 王重鸣．心理学研究方法 [M]. 北京：人民教育出版社，1990.
[244] 王重鸣．心理学研究方法 [M]. 北京：人民教育出版社，1998.
[245] 吴金希，于永达．浅议管理学中的案例研究方法 [J]. 科学研究，2004, 12: 116-120.
[246] 杨智，张茜岚，谢春燕．企业战略导向的选择：市场导向或创新导向——基于湖南省高新技术开发区企业的实证研究[J]. 科学研究，2009, 27(2): 278-288.
[247] 曾萍，蓝海林．组织学习，知识创新与动态能力：机制和路径 [J]. 中国软科学，2009, 5: 135-146.
[248] 张凤华．不同模糊程度下模糊决策的决策偏好 [J]. 心理学探新，2009, 29(6): 51-55.
[249] 张京成．中国创意产业发展报告 [M]. 北京：中国经济出版社，2012.
[250] 张婧，段艳玲．市场导向均衡对制造型企业产品创新绩效影响的实证研究 [J]. 管理世界，2010, 12: 119-130.
[251] 张军，金露．企业动态能力形成路径研究——基于创新要素及创新层次迁移视角的案例研究 [J]. 科学研究，2011, 29(6): 939-948.
[252] 张军伟，刘腾飞，李斌．行为决策中的模糊规避的研究综述 [J]. 华中师范大学研究生学报，2009, 16(3): 114-120.